Chapitre 1

Chapitre 2

Chapitre 1

Salafisme

Le mot salaf désigne les *«pieux prédécesseurs»*, soit les premières générations de compagnons du prophète Mohammed. Le «minhaj», ou voie salafiste, vise d'abord à imiter le prophète de l'islam, jusqu'à reproduire son mode de vie sur le plan vestimentaire ou alimentaire.

Né en Arabie saoudite sous la forme du wahhabisme, le salafisme s'est diffusé partout dans le monde et présente désormais bien d'autres visages, y compris celui du djihadisme. Tous se caractérisent par l'extrême simplicité du message : *« quelques règles de vie, aucune réflexion, une sorte de kit de survie en milieu sécularisé »*, résume l'historien Rachid Benzine.

Quelles que soient ses formes, le salafisme se distingue également par un discours de rupture, plus ou moins exclusiviste, et parfois violent. Rachid Benzine distingue cinq niveaux d'adhésion : *« Il y a d'abord le "nous", ensuite le "eux", puis ce "eux" qui devient méprisable avant d'être un danger symbolique et, enfin, physique »*, justifiant alors le passage à l'acte violent.

Le salafisme a des origines saoudiennes, c'est ce qu'on appelle le courant wahhabite, qui a construit toute sa légitimité sur cette idéologie. Mais aujourd'hui, les autorités saoudiennes commencent à comprendre que cette mouvance, qui est un lobby très puissant sur son territoire, représente une menace sur son territoire aussi bien politique qu'économique.

Grâce à ses pétro-dollars et ses universités accueillant des étudiants du monde entier, le wahhabisme a indubitablement changé la donne au sein du monde musulman. Alors qu'il était considéré à ses débuts comme une hérésie par les différentes instances du monde sunnite, il cherche à s'imposer aujourd'hui comme l'orthodoxie et est un candidat sérieux à ce titre aux yeux de nombreux musulmans, même lorsqu'ils n'y adhèrent pas. Le salafisme est loin d'avoir gagné la bataille. Mais c'est vrai qu'il est de plus en plus efficace sur le terrain, et sa force est d'être porté par des jeunes...

Et, en parallèle, une propagande salafiste soutenue par cet Etat menace l'intégrité de l'Occident et de la France en particulier. Il est difficile de faire un lien direct entre salafisme et terrorisme car, les salafistes ne se revendiquent pas terroristes mais en contrepartie, on entend souvent un discours de désaveux de la société, un isolement, un repli identitaire qui peut favoriser cette haine. Et d'ailleurs, ils appellent à la haine de l'Occident et à la mécréance de ce qui n'est pas l'islam. Les salafistes ont donc, un discours extrêmement rigoriste qui peut encourager les jeunes à plonger dans le terrorisme. Pour eux, il faut s'asseoir sur la démocratie, la laïcité c'est de la mécréance et ils ne veulent pas de valeurs républicaines

Les Musulmans Français

Sur les 15 millions de Musulmans recensés en Europe de l'Ouest, plus de 5 millions sont installés en France qui est l'Etat occidental comptant la plus forte proportion de Musulmans au sein de sa population.

Depuis le début des années 2000, le phénomène islamiste ne cesse de croître, essentiellement concentré dans les banlieues des grandes agglomérations. Les extrémistes sont devenus des acteurs majeurs des zones sensibles et les signes de progression de l'islam radical s'observent chaque jour. Le ministère de l'Intérieur évalue à 50 000 le nombre de nouveaux convertis dans notre pays en quelques années.

Dans les mosquées fondamentalistes, l'islam est inculqué aux populations par des prédicateurs radicaux, souvent étrangers, qui tiennent un discours de rupture vis-à-vis des institutions républicaines et prêchent un racisme antifrançais. Les islamistes se consacrent à la remise en cause des lois et coutumes de la société française pour y substituer leurs pratiques traditionnelles, en totale opposition avec nos institutions démocratiques et laïques. Malgré la faible proportion d'islamistes parmi la communauté musulmane française, leur activisme virulent est d'autant plus préoccupant qu'il n'y a pas de frontière étanche entre l'islam fondamentaliste et le terrorisme.

Or, la lutte contre le terrorisme islamiste, consécutive aux attentats du 11 septembre 2001 et à la campagne d'Afghanistan, a révélé l'existence de filières de recrutement djihadistes sur notre territoire, à Paris comme en province. Ainsi, nos banlieues sont des viviers de recrutement, depuis lesquelles plusieurs centaines de jeunes Français musulmans se sont déjà rendus en Bosnie, en Tchétchénie, en Afghanistan ou en Irak, combattre aux côtés des moudjahidines et y recevoir une formation terroriste.

Les motivations de ces départs relèvent à la fois du contexte sociologique spécifique de la troisième génération d'immigrés, du manque de repères de la partie la plus déshéritée de la jeunesse française - pour laquelle le passage par les camps du djihad semble donner un sens à l'existence - et de la situation au Moyen-Orient, où le conflit israélo-palestinien et l'occupation de l'Irak renforcent la victimisation des islamistes radicaux.

Mais les effets de l'islamisme ne concernent pas seulement la sécurité intérieure ; ils touchent aussi la sphère économique et les activités de certaines entreprises. La pression islamiste s'exerce dans les entreprises, principalement selon deux modalités : le prosélytisme militant et contestataire et le développement de trafics susceptibles d'alimenter la cause du djihad. Cette poussée fondamentaliste dans les entreprises impacte sur certaines activités économiques, notamment en générant de nouveaux risques sectaires et criminels, propres aux zones de consommation urbaines et périurbaines dans lesquelles elles sont implantées. Cela n'exclut nullement l'hypothèse d'attentats contre les acteurs économiques.

L'islam en France

L'islam est devenu, depuis deux décennies, la seconde religion pratiquée en France, derrière le catholicisme et devant le protestantisme et le judaïsme.

Les Musulmans de France sont essentiellement issus des trois pays de l'ex-Afrique du Nord française (Maroc, Algérie, Tunisie) et dans une moindre mesure des pays de l'Afrique subsaharienne, des Comores, de Turquie et du Moyen-Orient. Les pratiques culturelles de l'islam français se différencient de celles de l'islam de Grande-Bretagne, originaire du Moyen-Orient, et de celui d'Allemagne, d'influence turque. Ces nuances n'existent cependant pas pour les formes les plus intégristes de la religion du Prophète.

La nécessité de disposer d'une main d'œuvre à bas coût pour soutenir la croissance au cours des « trente glorieuses » a conduit les autorités françaises à faire appel à ces populations avec lesquelles des liens historiques existaient depuis la colonisation du Maghreb à la fin du XIXe siècle. Puis, le regroupement familial, autorisé au cours de la seconde moitié des années 1970, et la montée en puissance de l'immigration clandestine, à partir des années 1980, ont produit ce résultat de plus de 5 millions de Français - mais aussi d'étrangers - musulmans.

Travailleurs immigrés, légaux ou clandestins, se sont ainsi établis momentanément puis durablement en France pour des raisons économiques. Ils se sont installés dans les banlieues des grands centres urbains où ils ont logiquement et légitimement reproduit leurs lieux de cultes et une partie de leurs modes de vie traditionnels. Pendant près d'un demi-siècle, aucun problème de coexistence n'est apparu. Toutefois, l'accroissement régulier de la proportion des Musulmans en France et la montée en puissance de l'islam radical dans le monde ont peu à peu changé la donne.

Les chiffres

Selon un rapport de la Direction centrale des Renseignements généraux (DCRG), remis début juin 2004 au ministre de l'Intérieur de l'époque, Dominique de Villepin, des centaines de quartiers sensibles présentent des signes inquiétants de repli communautaire aggravé, notamment sous l'influence de la montée en puissance de l'islam radical.

Huit critères ont été retenus par les RG pour définir les quartiers sensibles :

- un nombre important de familles d'origine immigrée, pratiquant parfois la polygamie ;
- un fort tissu associatif communautaire ;
- la présence de commerces ethniques ;
- la multiplication des lieux de culte musulmans ;
- le port d'habits orientaux et religieux ;
- les graffitis antisémites et anti-occidentaux ;
- l'existence, au sein des écoles, de classes regroupant des nouveaux arrivants ne parlant pas français ;
- la difficulté à maintenir la présence de Français d'origine.

Sur les 630 quartiers sensibles que surveillent les RG, la moitié serait ghettoïsés ou en voie de l'être. Cela concerne approximativement 1,8 million d'habitants des zones urbaines et périurbaines. Toutes les régions sont concernées par ce phénomène. A titre d'exemple, l'agglomération de Blois (Loir et Cher, 54 000 habitants), a priori modeste préfecture de la vallée de la Loire, compte une ZUP de 18 000 âmes, dans laquelle les forces de l'ordre ont de grandes difficultés à intervenir.

L'intégrisme

La caractéristique majeure de ces quartiers est : la violence, le non-respect de l'ordre républicain, le cumul de handicaps sociaux et culturels et la montée en puissance de l'islam radical. Les populations qui y vivent conservent les pratiques culturelles et les modes de vie traditionnels de leurs pays d'origine. Cela se traduit dans les faits par une forte endogamie, une pratique non négligeable de la polygamie, la connexion à des programmes de radio et de télévision étrangers, par l'émergence de modes de régulation sociale des conflits parallèles aux institutions et par une vie associative repliée, organisée en fonction de l'origine des immigrés.

Dans ces quartiers, on observe une perte de clientèle "européenne" dans les hypermarchés particulièrement fréquentés par des consommateurs musulmans portant le voile ou d'autres signes extérieurs religieux. Il y a souvent fermeture des commerces de proximité, soit parce qu'ils ne correspondent plus au marché local soit sous la pression ou la menace islamiste. A Evry, la volonté des gérants d'un Franprix de ne plus vendre ni porc ni alcool avait provoqué, en 2002, la colère du maire qui dénonçait la ghettoïsation du quartier. La construction de nouvelles mosquées de grande taille - comme celle de Massy, en Essonne - regroupant plusieurs anciens édifices vétustes, risque fort d'accroître cette tendance. Les immigrés qui sont en voie d'intégration cherchent à quitter au plus vite ces quartiers sensibles.

Cette préoccupante dérive communautariste est aggravée par la récente montée en puissance d'un islam radical qui prospère dans ce contexte favorable.

Les religieux extrémistes sont devenus des acteurs majeurs des zones sensibles et leur prosélytisme intégriste porte peu à peu ses fruits. Les signes de progression de l'islam radical se mesurent principalement au port d'habits religieux et à la différence croissante entre les modes de vie des hommes et des femmes dans ces quartiers. Les services du ministère de l'Intérieur évaluent de 30 000 à 50 000, le nombre de nouveaux convertis dans notre pays en quelques années, notamment parmi les jeunes.

Les Français convertis sont souvent les plus virulents, qu'il s'agisse des hommes épousant des femmes musulmanes et leur imposant un port strict du voile - pour montrer leur bonne application des "principes" de l'islam - ou des épouses françaises d'islamistes originaires d'Afrique du Nord. Selon un autre rapport des Renseignements généraux du 5 août 2003, les convertis à l'islam dans le département de l'Essonne représentent "un phénomène préoccupant et en pleine expansion".

Ces conversions sont notamment dues à la forte implantation, dans ce département, du mouvement Tabligh, une organisation piétiste indo-pakistanaise. Or, dès 1995, les RG considéraient que le Tabligh constituait l'organisation d'où émergeait, depuis une dizaine d'années déjà, la plupart des responsables de l'islam radical en France.

Les imams intégristes sont pour la plupart de nationalité étrangère, souvent en situation irrégulière et ne parlent pas - ou à peine - le français. Pourtant, ce sont eux qui détiennent aujourd'hui la véritable influence et non pas les institutions musulmanes de France ou la mosquée de Paris, lesquelles n'ont qu'un « contrôle » partiel sur leurs coreligionnaires.

Les antennes paraboliques

Un facteur-clé de la progression de l'islam radical est la télévision. La diffusion de certains programmes télévisuels, ainsi que la distribution de cassettes vidéos et la multiplication de sites internet, jouent un rôle clé dans l'islamisation. En effet, une proportion croissante de Musulmans, travaillés par les intégristes, écoute, depuis nos banlieues, les prêches fondamentalistes émis depuis le Yémen, le Soudan, le Pakistan et l'Arabie saoudite. Et de plus en plus fréquemment, les islamistes radicaux cherchent à évincer les imams officiels des mosquées. On constate, depuis dix ans, l'essor des chaînes de télévision par satellite extra-européennes captées au moyen d'antennes paraboliques, implantées sur les toits et les balcons de nos banlieues, dont Al-Jazira, Al Arabiya ou Al-Manar sont les plus connues.

Plus de 10 millions de personnes y ont accès en France, plus de 100 millions en Europe. Certaines populations immigrées ont ainsi trouvé un moyen de rester en contact avec leurs communautés d'origine, en particulier de conserver des attaches linguistiques et culturelles.

Ce phénomène crée de véritables espaces politiques et religieux virtuels, dont les ressortissants, quoique présents sur notre sol, sont davantage en communion et en communication avec des valeurs et des interlocuteurs basés à l'étranger. Ainsi, dans nos banlieues, l'islam fondamentaliste se nourrit à la fois des frustrations locales et de l'actualité internationale (intifada palestinienne, exemple de Ben Laden, intervention américaine en Irak, etc.). Des responsables de lycées parisiens à forte proportion d'immigrés révèlent "nous vivons au rythme des événements du Moyen-Orient".

Or, certains programmes TV tiennent des discours opposés aux idées démocratiques ou de tolérance qui fondent notre système. C'est le cas de la chaîne du Hezbollah, diffusée un temps en France. Elle faisait à la fois du prosélytisme religieux - diffusant à longueur de journées des sourates du Coran - et tenait des propos ouvertement antisémites. Beaucoup de Musulmans radicaux, par rejet de la télévision occidentale, voient leurs sources d'informations réduites à ces seuls outils de propagande. Lorsqu'on sait que les Français regardent la télévision en moyenne trois heures par jour, cela permet de saisir l'énorme pouvoir d'influence que peuvent avoir ces chaînes de télévision. C'est également le cas des sites internet islamistes hébergés hors de France, sur lesquels aucun contrôle n'est possible.

Une frange de notre jeunesse se laisse ainsi séduire par les sirènes d'une idéologie dont les buts sont ouvertement opposés aux valeurs de notre société démocratique.

Dans les mosquées fondamentalistes, l'islam est inculqué aux populations par des prédicateurs radicaux qui tiennent un discours de rupture vis-à-vis des institutions républicaines et prêchent un racisme antifrançais exacerbé et un antisémitisme obsessionnel.

Les manifestations de ce militantisme actif se font sentir à de nombreux niveaux de la vie quotidienne. L'école est devenue le lieu d'une radicalisation des pratiques religieuses (ramadan, interdits alimentaires) et d'une remise en question de l'enseignement de certaines matières (histoire, sciences naturelles, mixité dans le sport). Dans les cités, les jeunes filles subissent des pressions constantes pour porter le voile et l'on constate une dégradation du statut des femmes vivant à l'européenne, qui sont régulièrement victimes d'injures et de
violence.

Le milieu hospitalier est de plus en plus fréquemment le théâtre de revendications et de comportements nouveaux : couloirs transformés en lieux de prière, internes voilées, psychiatre étranger consultant, dans le sud de la France, avec le Coran sur la table, etc.

Certains soignants s'absentent régulièrement pour aller prier, réclament de porter le voile, s'interdisent de travailler avec un collègue de l'autre sexe dans l'intimité d'une chambre, etc.

Sous la pression de maris intégristes, les femmes demandent à être auscultées par des personnels féminins et refusent la consultation avec les hommes, y compris aux urgences ; certaines vont même jusqu'à accoucher en burqa. Un chef de clinique a été agressé au couteau par un homme d'origine africaine déchaîné à l'idée qu'un médecin touche sa femme.

Le phénomène s'observe jusque dans le milieu carcéral. Sous couvert de religion, certains détenus musulmans refusent toute autorité de la part du personnel féminin de l'administration pénitentiaire. Près d'une centaine de détenus, notamment les condamnés pour terrorisme, disséminés dans plusieurs prisons différentes, alimentent la contestation. Selon les RG, la promiscuité entre jeunes détenus de droit commun et islamistes convaincus se livrant au prosélytisme constitue une bombe à retardement car elle renforce la collusion entre le monde du crime et les islamistes.

La laïcité

Selon Tariq Ramadan, dont les avis sont très écoutés dans la communauté musulmane, un croyant doit respecter les lois de son pays d'accueil tant que ce cadre ne s'oppose pas à un principe islamique. Dans une de ses cassettes, il insiste : "Tout ce qui dans la culture dans laquelle nous vivons ne s'oppose pas à l'islam, on peut le prendre". Ce qui exclut le reste. Il est également très clair sur le fait que "les Musulmans doivent militer pour faire évoluer la laïcité de façon à ce qu'elle coïncide avec leur vision fondamentaliste et politique de l'islam".

Or, en France, depuis 1905, les lois de la République sont supérieures aux pratiques culturelles et religieuses. La laïcité ne signifie pas le déni de la religion. La loi républicaine permet à la religion de demeurer dans la sphère privée, rendant ainsi possible la cohabitation pacifique et harmonieuse des différents cultes et offrant la possibilité de croire ou de ne pas croire. Elle assure la paix religieuse et la liberté de culte dans les limites de la loi.

L'affaire du voile à l'école en a été l'illustration. Elle a culminé en décembre 2003, au moment de la remise du rapport de la Commission de réflexion sur l'application du principe de laïcité dans la République, présidée par Bernard Stasi. Face à cette progression significative de l'islam radical et au discours anti-républicain qu'il véhicule, le ministère de l'Intérieur a accru sa surveillance des milieux fondamentalistes et les autorités ont été amenées à réagir devant des actes et des comportements qui sont en contravention totale avec nos lois.

Début décembre 2003, à Fontenay-aux-Roses et à Antony (Hauts-de-Seine), deux associations musulmanes s'occupant d'enfants en bas âge ont été fermées en raison de leur proximité avec les milieux islamistes. Des cours d'arabe et de Coran étaient dispensés à des enfants de 4 à 6 ans par des prédicateurs notoirement salafistes. En janvier 2004, il en a été de même à Argenteuil (Val d'Oise). Mais surtout, plusieurs imams ont été pris en flagrant délit de diatribe anti-occidentale en régions parisienne et lyonnaise.

En réaction, depuis le début de l'année 2004, sept prédicateurs radicaux ont été l'objet d'arrêtés d'expulsion:

- deux imams turcs appartenant au mouvement extrémiste Kaplan, ont été expulsés le 6 janvier pour « propos antisémites et anti-occidentaux »

- *Abdelkader Yahia Cherif, Algérien de 35 ans prêchant à Brest, a été expulsé le 14 avril 2004 en raison de son « prosélytisme en faveur d'un islam radical » et de ses « relations actives avec la mouvance islamiste prônant des actes terroristes »*

- *Chellali Benchellali, père d'un des détenus français libéré de Guantanamo arrêté en Afghanistan, a été mis en examen, écroué et est en attente d'expulsion pour « association de malfaiteurs en relation avec une entreprise terroriste »*

- *Abdelkader Bouziane, l'imam de Vénissieux a été expulsé le 20 avril 2004 pour «complicité d'apologie de crime et provocation directe non suivie d'effet à porter atteinte à l'intégrité d'une personne » il a également défendu la polygamie dans une interview à un quotidien lyonnais. Mais il a pu revenir en France suite à l'action de son avocat. Il est considéré par les RG comme le chef spirituel des groupes salafistes en France*

- *Ali Yashar, irakien, imam de la mosquée d'Argenteuil, est considéré par les RG comme l'un des principaux propagandistes de la doctrine salafiste en Ile de France. Ecroué depuis le 10 mai 2004, il est en attente d'expulsion*

- *Midhat Güler, responsable du mouvement extrémiste turc Kaplan en France, a été expulsé le 19 mai 2004 pour « incitation à la haine de l'Occident dans les sermons et glorification du djihad ».*

Mais les autorités, dans un souci légitime d'évitement des tensions intercommunautaires, font généralement preuve d'une retenue étonnante dans l'application des lois républicaines. Selon un fonctionnaire de la préfecture de police, "*il y a un fossé entre la loi et la gestion des situations au quotidien (…) il est difficile de demander à une femme d'enlever son voile lors d'un contrôle d'identité*". Pourtant, nos voisins belges, dont les lois antiterroristes sont moins abouties que les nôtres, n'ont pas hésité à imposer la nécessité de faire voir son visage lors de contrôles d'identité. Jean Chabrol, le directeur départemental de la Sécurité publique des Yvelines, craint "*qu'un fonctionnaire de police refusant de prendre la plainte d'une femme voilée ne soit pas soutenu par la hiérarchie*".

Un cas est particulièrement symptomatique : celui d'une jeune femme originaire d'Afrique du Nord, gardien de la paix au 2e district de la division de l'ordre public et de la circulation de la préfecture de police de Paris. Le 25 août 2004, elle refuse, pour des raisons religieuses, d'enlever le voile qu'elle porte sous sa casquette. Le lendemain, pour les mêmes motifs, elle ne veut plus serrer les mains de ses collègues masculins et refuse également de porter bâton et menottes. Cette affaire est remontée jusqu'au préfet de police de Paris, là où une simple sanction disciplinaire du chef de service aurait suffi pour tout autre fonctionnaire.

La sociologie

Si la France compte plus de 5 millions de Musulmans, l'immense majorité d'entre eux sont des citoyens paisibles. La proportion d'islamistes radicaux ne représente que 5 à 10% de cette communauté, soit 300 000 à 500 000 personnes (0,5% à 1% de la population totale).

Mais leur activisme est intense. La ghettoïsation des banlieues et la montée en puissance de l'islam intégriste dans les quartiers sensibles, essentiellement peuplés de populations immigrées, sont symptomatiques du malaise profond des communautés musulmanes de France, tout particulièrement des jeunes hommes de la troisième génération de l'immigration, en échec d'intégration. Nous sommes ainsi confrontés à un problème sociologique profond au carrefour de quatre problématiques : celle de la jeunesse celle des banlieues, celle de l'intégration des immigrés et celle de l'islam.

La première génération, arrivée au cours des années 1960 (les grands-pères), venait en France chercher du travail, sans objectif prémédité de s'installer durablement en métropole. Certains s'y implantèrent finalement. Dès lors, la finalité pour la seconde génération (les pères) était l'intégration complète dans la société française. Ils n'ont donc pas cherché à transmettre à leurs enfants le patrimoine culturel de leur pays d'origine - au-delà d'une tradition familiale - se voulant désormais citoyens français. Soucieux de s'intégrer dans la nation, ils ont élevé leurs enfants dans une logique française.

Mais aujourd'hui, la troisième génération constate l'échec relatif de la tentative d'intégration de la précédente, tout en n'ayant elle-même que très peu de perspectives. Ils reprochent à leurs parents et à leurs grands-parents de s'être trompés quant à leurs chances de réussite en France. Aussi, ces « fils » se retournent-ils vers leur autre culture grâce à laquelle ils espèrent retrouver une identité qui ne leur semble pas possible d'acquérir en France. Mais ils n'ont aucune notion réelle de cet héritage patrimonial car ni leurs pères ni leurs grands-pères n'ont jugé utile de le leur transmettre.

Ils sont donc doublement déphasés. Il y a ainsi un phénomène de rupture entre les générations d'immigrés, les jeunes se sentant doublement floués de n'être pas intégrés dans la société française et de n'avoir pas reçu l'héritage culturel du pays d'origine de leurs ascendants. Une partie importante d'entre eux se replie avec beaucoup de passion et d'excès, sur les valeurs islamiques, perçues comme un retour aux sources. Cela explique en partie que les plus virulents d'entre eux, dans cette quête de leur identité d'origine, adoptent des comportements religieux bien plus intégristes que ceux de leurs parents.

Par ailleurs - et dans la même logique - derrière la volonté d'imposer le port du foulard aux femmes, s'exprime un phénomène de réappropriation de la virilité des jeunes d'origine nord-africaine. En effet, leurs sœurs et leurs femmes s'intègrent beaucoup mieux qu'eux dans la société française : par le biais des études supérieures qu'elles réussissent, par le biais de mariages mixtes, par l'adoption d'une féminité occidentale, etc. Les jeunes hommes qui n'arrivent pas à ce résultat souhaitent notamment remettre les femmes "à leur place" et prendre une revanche ; d'où le rôle emblématique du foulard et l'écho que reçoivent les prêches intégristes sur le rôle de la femme dans la société islamique.

A travers l'adhésion à l'islam radical - jusque dans ses manifestations djihadistes - il y a aussi une forme de romantisme révolutionnaire. Quelle que soit la raison de leur non-intégration, les jeunes des banlieues sont assoiffés d'aventure virile comme on peut logiquement l'être à la sortie de l'adolescence. Une partie des activistes parvenus jusqu'en Afghanistan, répond à ce type de logique.

A l'origine, jusqu'au 11 septembre 2001, l'islam et le djihad n'étaient pas en contravention avec les lois françaises. Certains jeunes partaient s'entraîner puis se battre contre les Soviétiques en Afghanistan, c'est-à-dire contre l'ennemi de l'Occident, soutenus par les Etats-Unis. Puis les conflits en ex-Yougoslavie et en Tchétchénie ont été de nouveaux « terrains de jeux ». Pour beaucoup, le recrutement par les imams était le début de l'aventure : on leur remettait de faux papiers, de l'argent liquide, des ordres et des courriers à transmettre. Ils partaient à Londres rencontrer d'autres Musulmans et avaient parfois des contacts clandestins. C'était la grande aventure, comme beaucoup de jeunes gens rêvent de la vivre.

Il faut considérer à ce titre que la suppression du service militaire a eu un effet négatif. Par le passé, nombre de jeunes Français près de sombrer dans la délinquance ont trouvé les valeurs qui leur manquaient après un séjour exigeant sous les drapeaux, dans un régiment parachutiste ou d'infanterie de marine. Les jeunes des banlieues d'aujourd'hui s'inscrivent pleinement dans un tel phénomène.

Enfin, il y a l'impact du décalage entre les rêves des jeunes et la réalité, conséquence directe de la facilité dans laquelle les nouvelles générations ont été élevées. Si l'on excepte le sport et les médias, qui peuvent permettre aux plus doués de connaître une réussite fulgurante en quelques années, force est de constater qu'il y a un fossé énorme entre ce dont ces jeunes rêvent et ce qu'ils peuvent effectivement réaliser. Le travail n'est pas pour eux une valeur, d'autant que leur absence de diplôme les conduira vers des postes sans attrait, faiblement rémunérés. Ce n'est donc pas en travaillant qu'ils réaliseront leurs rêves.

La délinquance, puis la criminalité sous toutes ses formes, sont des activités plus prometteuses à leurs yeux. Cette « entrée » dans l'illégalité n'est guère combattue par les parents qui n'ont sur leurs fils qu'une influence limitée, en raison du divorce intra-générationnel évoqué plus haut. Il y a donc une alliance objective - quoique non systématique - entre les délinquants et les « barbus » pour faire des banlieues sensibles des zones de non-droit dans lesquelles la police ait le plus grand mal à pénétrer. A l'écart de l'ordre républicain, l'islamisme radical et la criminalité peuvent ainsi se développer et donner naissance à de véritables réseaux terroristes.

L'Islam Terroriste

De tous les pays occidentaux, c'est la France qui a été, le plus tôt, confrontée au terrorisme islamique, sur son sol comme à l'étranger. Depuis plus d'un quart de siècle, ses services de police et de renseignement travaillent sur cette menace que Paris a été le premier à dénoncer comme le danger majeur du XXIe siècle, sans être suivi, au début, par ses alliés.

La confrontation de la France avec le terrorisme islamique a revêtu trois visages successifs et différents :
- les actions terroristes chiites impulsées par l'imam Khomeiny au cours des années 1980, manifestation du terrorisme d'Etat iranien
- les attentats de réseaux algériens, en prolongation du conflit ensanglantant leur pays, au cours des années 1990. Ces actes ont illustré une nouvelle collusion entre le terrorisme et le grand banditisme (réseau Khaled Khelkal notamment)
- les réseaux liés à la nouvelle dynamique Ben Laden, à partir des années 2000, dont certains sont solidement implantés au cœur de notre société, dans nos villes et dans nos banlieues.

Si au cours de la décennie 1980, le terrorisme islamique était exogène, au cours des années 1990 et 2000, les nouveaux réseaux djihadistes implantés sur notre territoire n'ont cessé de prendre de l'ampleur. Depuis 15 ans, les connexions entre les banlieues, le terrorisme international, la criminalité et l'islam radical n'ont fait que se renforcer. Ce phénomène trouve son aboutissement avec la présence de ressortissants français dans les camps d'entraînement taliban en Bosnie et aux côtés d'Al-Qaeda, au Maroc, en Australie, en Tchétchénie et, plus récemment, en Irak.

La cause terroriste
La lutte contre le terrorisme islamiste, consécutive aux attentats du 11 septembre 2001 et à la campagne d'Afghanistan, a révélé l'existence de filières de recrutement djihadistes sur notre territoire, à Paris comme en province. Certes, le phénomène n'est pas nouveau. Le coup de filet commun

des RG et de la DST dans les milieux islamistes proches du GIA, en 1993, avait donné lieu à 105 interpellations et à de nombreuses condamnations.

Un an plus tard, la police découvrait qu'une partie des activistes du réseau ayant perpétré les attentats de Marrakech en 1994 avaient suivi un entraînement militaire en Asie centrale. Combien de jeunes des banlieues ont-ils séjourné dans les camps du djihad ? Quelles sont leurs motivations ? Que sont-ils devenus ? Les questions ne manquent pas. Il est essentiel de comprendre le processus qu'est susceptible de suivre un jeune Français épousant la cause islamiste.

La majorité des jeunes de nos banlieues n'accueille pas toujours les imams prédicateurs à bras ouverts, car ceux-ci prêchent des attitudes contraires à leur mode de vie (femmes, voitures, argent, voire alcool et trafics). Les « barbus sectaires » touchent surtout les plus fragiles psychologiquement, ceux qui recherchent un idéal ou une structure de pensée les rassurant.

La population « travaillée » par les « prêcheurs de haine » n'est pas homogène ; elle se compose d'individus de différentes origines : des Français d'origine nord-africaine (beurs), des jeunes issus de couples mixtes, des Français de souche, convertis à l'islam - qui sont parfois les plus exaltés - des Antillais et des ressortissants nord-africains - algériens notamment - vivant ou séjournant dans nos banlieues. L'effet de la prédication sur ces jeunes entraîne des transformations fondamentales qui les conduisent à une adhésion intégrale à la religion du Prophète et à ses valeurs les plus intégristes, puis à une fuite en avant vers le prosélytisme, la lutte et le terrorisme. Tel a été le cas d'Hervé « Djamel » Loiseau, retrouvé mort dans les montagnes afghanes. Mais le plus souvent le jeune qui s'engage dans le djihad ne connaît en fait pas grand-chose à l'islam, si ce n'est les quelques versets que citent aussi les pourfendeurs de la religion du Prophète, pour dénoncer le caractère belliciste de cette religion.

Il importe également de comprendre que la double rhétorique "islam + combat" a un réel pouvoir d'attraction chez une certaine frange des jeunes de banlieue, en mal d'intégration ou en manque de repères. Cela apparaît comme une perspective exaltante qui leur permet de sortir de leurs "zones", de s'ouvrir l'horizon et de partir à l'aventure. Dans un prêche qui circulait en 2002 dans certaines mosquées, le prédicateur comparait la lutte armée à un loisir. « Partir au djihad, c'est bien mieux que des vacances à Los Angeles. C'est l'aventure.

Vous êtes nourris, blanchis, vous découvrez de somptueux paysages et en plus vous aidez vos frères». La propagande est ainsi faite que les jeunes volontaires ont réellement le sentiment de s'en aller lutter, les armes à la main, pour le bien et contre le mal, à l'autre bout du monde. Cette vision romantique du djihad est bien loin de la réalité qu'ils vont rencontrer, car "le djihad n'a rien d'une rébellion généreuse (...) Tous ceux qui empruntent son chemin finissent derrière les barreaux... dans le meilleur des cas.

Une telle démarche de "départ" pour un musulman n'a rien d'exceptionnel. C'est la darwâ, c'est-à-dire le devoir de prêche et d'extension de la religion. Bien sûr, tout croyant ne le fait pas. Mais, le départ en darwâ ne signifie pas l'intégration dans un groupuscule terroriste : il y a des étapes et des filtres. C'est le mouvement Tabligh qui a longtemps assuré l'essentiel du recrutement des futurs djihadistes. Le Tabligh n'est pas un mouvement terroriste, mais il prépare le terreau où peut se développer la violence. En effet, "La conversion à l'islam d'individus fragiles comporte indubitablement un risque de dérive terroriste".

La Haine contre la France

Salafia est un terme arabe qui signifie « les pieux prédécesseurs ». Ce mouvement enjoint les musulmans à se référer aux compagnons du Prophète Mohammed. Seuls, ou presque, le Coran et les Hadiths (les « dits » du Prophète) font loi. Le wahhabisme, né à partir de la fin du XVIIIe siècle, a structuré le salafisme contemporain vu comme un « réveil » musulman. Mais l'on peut en faire remonter les origines à Ibn Taymiyya au XIVe siècle de notre ère, à une époque où le Moyen-Orient est « cerné » par les Mongols et les Croisés.

On estime les salafistes au nombre de 15000 à 20000 personnes en France. Il s'agit de Français ou de convertis. Ils ne cherchent pas du tout à être reconnus dans la société, à la différence des Frères musulmans et d'un Tariq Ramadan qui prônaient l'action politique pour lutter contre ce qu'ils percevaient comme un rejet des musulmans. Les salafistes quiétistes, les plus nombreux, sont dans une quête de sens et de religiosité. Ils recherchent un idéal de pureté et font de la prédication.

Cela séduit les personnes en rupture avec la société, dans les territoires relégués, mais aussi parmi les classes moyennes, notamment des jeunes gens, filles ou garçons, qui sont en révolte contre leurs parents. Concernant la mouvance « djihadiste qui ne représente qu'une minorité des salafistes, c'est aussi le besoin d' « aventure » et « d'héroïsme ». Leur slogan pourrait être « Faites la guerre, pas l'amour !» Ils sont contre les valeurs libérales. Ils rejettent tout le monde et à leurs yeux, le musulman impur est encore pire qu'un chrétien ou un juif.

Les Frères musulmans exerçaient une pression et détenaient une sorte de magistère. Ils avaient tendance à prendre de haut ceux qui ne parlaient pas arabe. De plus, des directives pouvaient venir de l'extérieur. Les salafistes, même s'ils travaillent avec des intermédiaires parfois formés à Médine, en Arabie Saoudite, sont libres de se constituer en communautés ou en cellules. Il y a, dans ce mouvement, un côté étonnamment moderne.

Au contraire de l'islamisme, le salafisme n'est donc ni un mouvement religieux à revendication politique, ni une organisation à proprement parler, plutôt une tendance de « régénération » de la foi et de réislamisation de la société. Un salafiste peut être considéré comme un musulman « ultra-orthodoxe ».

Le salafisme prône :
•   *le retour à l'islam des origines par l'imitation de la vie du Prophète, de ses compagnons et des deux générations suivantes ;*
•   *le respect aveugle de la sunna (tradition islamique, comprenant le Coran, les hadiths et la sira).*
•   *toute interprétation théologique, en particulier par l'usage de la raison humaine, accusée d'éloigner le fidèle du message divin ;*
•   *toute piété populaire ou superstition, comme le culte des saints, jugé contraire à l'unicité de Dieu (tawhîd) ;*
•   *toute influence occidentale, comme le mode de vie et la société de consommation, mais également la démocratie et la laïcité.*

En France, dans les années 1980, les salafistes ont d'abord été assimilés à des fondamentalistes ou des traditionnalistes. Les années 1990 et la guerre civile algérienne ont donné une tribune aux prédicateurs salafistes dans les banlieues françaises, qui acquièrent une nouvelle visibilité grâce à l'Internet. Plus récemment, de jeunes convertis et d'autres issus de l'immigration ayant tenté la hijra (l'installation en Arabie séoudite) en sont revenus déçus. Se concevant comme une groupe social communautaire « puriste », confortés par l'émergence des salafistes tunisiens et égyptiens lors des « printemps arabes », ils contestent davantage l'influence des Frères musulmans.

Aujourd'hui, le salafisme se décline en trois courants principaux :

•   Le salafisme « cheikhite » ou quiétiste, inspiré par le wahhabisme et les cheikhs implantés en Arabie séoudite, en Jordanie ou au Yémen, peut être considéré comme le plus littéraliste et le plus largement majoritaire à travers le monde. Uniquement préoccupé de vivre en symbiose avec les prescriptions coraniques, celui qui adopte cette forme de salafisme « de prédication » professe un certain mépris pour la vie sociale et politique et les courants engagés en politique, tels les Frères musulmans. Sous l'égide du cheikh Mohammad Nasser Al Dîn Al Albani (mort en 1999), du Yéménite Moukbil ou de l'imam algérien de Marseille, Abdelhadi Doudi, cette stratégie s'appuie sur une prédication non violente et non directement politique. La foi « revivifiée » doit naturellement transformer la société et, par-delà, le monde entier.

• Al Sahwa al Islamiya (« le Réveil islamique »), une tendance directement inspirée d'un courant plus politique, conduite en 1991 par les deux cheikhs wahhabites Salman Al Awda et Safar Al Hawali contre feu le roi Fahd après la première guerre du Golfe. Il trouve son origine dans la vive protestation d'une partie des oulémas contre l'entrée de l'armee américaine en Arabie séoudite.

En Algérie, Ali Belhadj se réclamait d'Al Albani mais le FIS recevait Al Awda avec tous les honneurs dans de son plus grand meeting en 1991 dans un stade d'Alger. L'influence des deux personnages a diminué en raison de la montée du salafisme radical et autres tendances réformistes. Hawali fut atteint, en 2005, d'une forte hémorragie cérébrale ; quant à Awda, qui ne se situe plus sur le terrain de la contestation, ses relations avec le royaume séoudien sont désormais au beau fixe. La référence la plus citée de ce courant reste le Syrien Mohammad Sourour, qui veut rétablir le pouvoir des religieux face aux politiques. Ayant vécu longtemps à Birmingham, en Grande-Bretagne, il y a créé le Centre islamique, toujours en activité. Ce courant minoritaire accepte de se lancer dans la politique quand ils estiment que l'identité islamique est remise en cause en Occident. Nés et ayant grandi en Occident, ces salafistes sont prêts à négocier leurs votes auprès des élus. Dans ces cas, ils deviennent des concurrents directs des Frères musulmans, avec lesquels ils partagent alors une stratégie d'entrisme dans la vie politique et se disputent la même clientèle.

• Le salafisme « jihadiste » suit, lui, une ligne révolutionnaire : il constitue la base intellectuelle du terrorisme et des opérations suicide, encourageant des actions violentes contre les Occidentaux. Inspiré par l'expérience du Frère musulman égyptien Sayyed Qotb ou du Jordanien Abou Mohamed Al Maqdissi, il statue que tout musulman a l'obligation, où qu'il soit, de porter le fer contre ceux, musulmans ou non, qui oppriment les « musulmans pieux ».

Né au cours de la guerre contre les Soviétiques en Afghanistan durant les années 1980, ce courant est le fruit de la rencontre entre la doctrine traditionaliste séoudienne et la stratégie de prise de pouvoir des Frères musulmans. C'est sur ce terrain mythique témoin de la victoire des moudjahidin contre la puissante URSS, que la plupart des liens se sont créés entre les futurs terroristes islamistes de la planète, depuis la Jamaah islamiya indonésienne jusqu'au GICM (Groupe islamiste combattant marocain). Dès lors, les salafistes jihadistes se prononcent pour le combat armé destiné à libérer les pays musulmans des occupations étrangères et des régimes jugés impies. Ils fustigent à la fois les islamistes pour leur manque de piété et les autres courants salafistes pour leur « hypocrisie » face aux États occidentaux.

Ce jihadisme est celui mené par Al Qaïda et développé par Al Zawahiri et Abou Mossab, qui portent la lutte à l'échelle mondiale tandis que d'autres privilégient d'abord le combat dans un cadre national (Tchétchénie, Irak, Palestine, Algérie). La dimension meurtrière de ce jihad est favorisée par la diffusion d'images sur vidéocassettes, CD-Rom et sur l'Internet, et culmine dans la seconde moitié des années 1990 jusqu'aux attentats du 11 septembre 2001, de Bali (2002), de Madrid (2004) et de Londres (2005). Son action est néanmoins battue en brèche dès le lendemain des attentats de New York.

L'intervention de l'OTAN en Afghanistan, l'interdiction progressive de toutes les cellules de soutien telles celles de certaines ONG et le volontarisme de tous les États auparavant rétifs à s'attaquer aux bases arrières du terrorisme (Royaume-Uni, Malaisie, Afrique de l'Est) ont considérablement limité le champ d'action du terrorisme jihadiste, même si le Pakistan et l'Afghanistan restent les maillons faibles du dispositif en offrant l'asile aux derniers combattants.

Les États musulmans eux-mêmes alternent les politiques de répression avec celles du « rachat », permettant aux anciens jihadistes de s'amender. Ainsi l'amnistie des repentis en Algérie a-t-elle peut-être permis l'arrêt de la guerre civile en 1997. La politique plus subtile des autorités égyptiennes qui ont négocié dès 1997, avec les membres de la Gamaa islamiyya le repentir dans leur prison, en est un autre exemple. Toutefois, les flux continus des jihadistes en Irak et la permanence des bases salafistes, bien que majoritairement quiétistes, prouvent que le terreau du jihadisme demeure vivace.

On assiste depuis 2011 à l'effacement spectaculaire d'Al Qaïda, dont la mort du chef Ossama Ben Laden, en mai 2011, a constitué le point d'orgue. Les mouvements religieux, tant islamistes que salafistes, n'ont pas participé au déclenchement des soulèvements populaires dans le monde arabe et les tentatives de récupération ont plutôt consacré la montée des islamistes « politiques », tels Annahda en Tunisie et les Frères musulmans en Égypte.

Il n'en reste pas moins que cette petite minorité de salafistes fait une lecture « révolutionnaire » de l'islam, qui rendrait légitime l'usage de la violence. Ils se voient comme des combattants pour une cause « juste »: l'instauration d'un État islamique qui préfigurera l'avènement de la justice de Dieu sur terre.

En France

La France constitue un véritable pôle de l'organisation en Europe. Les salafistes européens, âgés de 18 à 35 ans environ, sont un phénomène nouveau. Les salafistes sont estimés entre 20.000 et 30.000, dont un quart à un tiers de convertis issus de milieux catholiques ou protestants (Français « de souche métropolitaine », Antillais, Congolais, Zaïrois…). Ces derniers, désirant « compenser » une vie jusque lors éloignée de l'islam, sont souvent les plus radicaux.

Les salafistes « quiétistes » sont légalistes et se soumettent au système Depuis plus d'un an, nous assistons à une recomposition du paysage djihadiste sans précédent dans les trente dernières années, avec le déplacement de l'épicentre du djihad mondial de la zone afghano-pakistanaise vers la zone syro-irakienne.

L'avènement de l'État islamique s'est fait progressivement. Sa genèse remonte au personnage d'Abou Moussab al-Zarqaoui qui a fondé la première organisation active sur le sol irakien à la suite de l'invasion américaine en 2003, laquelle organisation s'est transformée en Al-Qaïda en Irak pour devenir ensuite l'État islamique. Cet avènement s'est appuyé sur la déliquescence des États syrien et irakien, sur la force d'attraction du conflit en Syrie et, pour partie, sur l'attentisme de la communauté internationale, qui a mis longtemps à réagir à la progression de ces réseaux.

L'État islamique se distingue de toutes les autres organisations djihadistes depuis trente ans, à commencer par Al-Qaïda, par trois aspects.

D'abord son assise territoriale: il contrôle désormais un territoire aussi vaste que le Royaume-Uni. Ensuite sa force d'attraction, sa capacité de mobilisation sans précédent – plus de 20 000 combattants étrangers ont rejoint la zone syro-irakienne depuis trois ans –, avec une stratégie de propagande et de recrutement adaptée aux modes de pensée et de représentation du monde des candidats potentiels au djihad.

législatif européen, meme si une loi contrevient à un principe religieux ; c'est le cas pour le voile des femmes, que les « quiétistes » ont appelé à ne pas porter si la loi l'exigeait. De la même façon, ils ont condamné toute forme de violence politique et d'actions terroristes après les attentats du 11 septembre, certains conseillant même aux musulmans occidentaux à collaborer avec les services de sécurité pour dénoncer une personne ou une organisation prônant la violence

C'est le changement de stratégie de la France, qui a décidé en août 2014 de rejoindre la coalition internationale, qui explique le changement de stratégie de l'EI, qui est passé depuis plus d'un an à une stratégie de djihad global, comparable à ce que faisait Al-Qaïda, et non plus à une stratégie de gain territorial et militaire."

Abou Mohammed al-Adnani, le porte-parole officiel de Daesh, a encouragé les djihadistes à travers le monde à tuer tous les ressortissants des pays membres de cette coalition. Néanmoins, l'impact de l'engagement français dans la coalition n'est pas le déclencheur de la haine particulière des djihadistes de l'Etat islamique envers la France.

Tous rêvaient de faire des attentats en France, même avant que la stratégie de l'EI ne passe d'un djihad régional à un djihad global. Mehdi Nemmouche revient pour commettre ses attentats en Europe avant qu'il existe une consigne en ce sens de l'EI.

La France est l'incarnation d'un projet universaliste rejeté par Daesh et que c'est aussi le pays colonisateur qui en a le plus renié les valeurs dans ses pratiques coloniales, notamment en Algérie.

Mais alors, pourquoi la France est-elle plus touchée que le Royaume-Uni, par exemple, qui est également membre de la coalition et qui a un passé colonial tout aussi chargé et peu glorieux ? Car celui de la France était principalement concentré au Maghreb, or les Maghrébins sont nombreux dans les rangs de l'EI.

La France est aussi le pays d'Europe qui compte le plus grand nombre de ressortissants au sein de l'EI. Au sein de l'EI, tous les combattants francophones combattent ensemble – Français, Belges, Maghrébins – et fournissent potentiellement beaucoup plus de volontaires que les anglophones par exemple. Sans compter que la France est aussi bien plus facile d'accès que les Etats-Unis ou le Royaume-Uni car sur le continent européen.

Mais au-delà de l'histoire géopolitique de la France, une raison idéologico-religieuse est à mettre dans la balance: l'unité de la France, d'après le chercheur, a été obtenue grâce à l'exclusion de la religion, considérée comme source de conflits, alors que dans les autres pays, cela s'est fait plus en douceur.

La France a plus de mal que les autres à trouver son identité et à assumer son passé chrétien. Être français ne peut se résumer à une adhésion aux principes républicains. Cette fragilité est très bien perçue par ceux qui veulent nous détruire. Les débats sur la laïcité ou encore la loi sur le voile n'ont rien arrangé. La stratégie de Daesh est donc de prouver que l'idéologie que porte le principe de laïcité en France n'est pas tenable.

L'État islamique essaie de faire en France ce qu'il a parfaitement réussi en Irak, en multipliant les violences envers certaines communautés, à savoir finir par convaincre les différentes communautés qu'elles ne pouvaient plus vivre ensemble.

Le chiffre

Neuf-cent trente personnes venant de France sont actuellement impliquées dans le djihad en Irak et en Syrie annonce le ministre de l'Intérieur, Bernard Cazeneuve. Selon le ministre, «350 sont sur place, dont 60 femmes. Environ 180 sont repartis de Syrie et 170 sont en transit vers la zone». «230 ont exprimé des velléités de départ. À ce total de 930 s'ajoutent 36 personnes décédées là-bas», a-t-il précisé.

En France, environ 950 personnes sont impliquées dans les filières syriennes, qu'elles y combattent actuellement (350), qu'elles soient en transit (150), rentrées (180), ou qu'elles aient des velléités de départ (220), selon un récent rapport parlementaire. Concernant les départs évités ces derniers mois à la suite de la mise en place de la plate-forme de signalement depuis le printemps, Bernard Cazeneuve a indiqué que «au moins 70 départs» ont pu être évités sur «350 signalements, dont 80 mineurs et 150 femmes».

Après chaque attentat, le gouvernement pointe du doigt la frange salafiste de l'islam. «*Oui, nous avons un ennemi, et il faut le nommer: c'est l'islamisme radical. Et un des éléments de l'islamisme radical, c'est le salafisme*», a lancé Manuel Valls lors d'une séance de questions à l'Assemblée nationale, après la décapitation d'Hervé Cornara par Yassin Salhi à Saint-Quentin-Fallavier, en Isère.

Présent en France depuis les années 1980 par le biais de la Ligue islamique mondiale, organisme basé à La Mecque et financé par le royaume saoudien, le salafisme wahhabite est un phénomène difficilement quantifiable. «*Les services essaient de dénombrer les mosquées et salles de prière créées par des groupes salafistes, ou "déstabilisées" par eux après qu'ils ont renversé l'ancienne équipe dirigeante, ou encore "déstabilisables" et à ce titre surveillées par les renseignements territoriaux*», explique un bon connaisseur de l'islam de France. Elles seraient environ 140 actuellement - le chiffre est très fluctuant – sur un total de 2 500 mosquées.

S'y ajoutent des écoles, souvent primaires, hors contrat, mais aussi des instituts privés d'enseignement de l'arabe et du Coran, des associations de soutien scolaire ou sportives. Des prédicateurs populaires – comme Nader Abou Anas, fondateur de l'association D'Clic, spécialisée dans la «da'wa», la prédication, se chargent également de diffuser la voie salafiste dans les mosquées ou sur Internet.

"Les salafistes doivent représenter 1 % aujourd'hui des musulmans dans notre pays, mais avec leurs messages sur les réseaux sociaux, il n'y a qu'eux finalement qu'on entend», a affirmé Manuel Valls en conclusion d'un colloque organisé à Paris par différents «think tanks» français et européens en réponse aux attentats de 2015. «Il y a une forme de minorité agissante, des groupes (salafistes) qui sont en train de gagner la bataille idéologique et culturelle», a-t-il ajouté.

Une partie de ces organismes fonctionnent en réseaux («salafis de l'Est», «salafis du Sud»). « Mais ce qui progresse le plus vite, c'est cette sphère de "salafisants", composée de gens qui ne sont affiliés à rien mais qui n'en tiennent pas moins le même discours exclusiviste, refusant le contact avec les "kouffars"», constate Bernard Godard, ancien membre du bureau des cultes au ministère de l'intérieur et auteur de La question musulmane en France (Fayard, 2015). Des associations humanitaires, comme Baraka City, ou consuméristes, comme Al Kanz, sont considérées par plusieurs spécialistes comme proches de cette mouvance.

Ce processus n'a toutefois rien d'automatique. Après les attentats du 13 novembre 2015, un groupe de « prédicateurs salafis francophones », imams ou conférenciers de Marseille, Toulouse ou Birmingham (Grande-Bretagne) a « condamné fermement ces actes abominables ». « On compte 13 mosquées salafistes à Marseille et assez peu de départs pour la Syrie », relève également un spécialiste. En revanche, à Sevran (Seine-Saint-Denis) comme à Lunel (Hérault), des groupes salafistes ont servi de relais pour encourager des jeunes à rejoindre les rangs de Daech. Reste aussi cette volonté des salafistes - a minima – de vivre entre eux, voire de rejeter tout contact avec la société « mécréante » environnante.

L'expansion en France du courant salafiste, qui plonge ses racines en Arabie saoudite, se fait sentir depuis la fin des années 1990. Adeptes d'une lecture littéraliste du Coran et d'une pratique rigoriste qui s'inspire des premières générations de l'islam, ces croyants se tenaient à l'origine à l'écart de la cité, y compris à l'écart de l'islam des mosquées lié aux traditions du Maghreb.

Face à cette présence de plus en plus affichée dans les structures existantes, le gouvernement a annoncé son intention de fermer les lieux de culte ou de dissoudre les associations qui «s'en prennent aux valeurs de la République ». Ce faisant, il semble jeter une même suspicion sur l'ensemble du courant salafiste, accusé de faire le lit du radicalisme. Or, soulignent les spécialistes, la majorité d'entre eux sont «quiétistes», animés par des préoccupations religieuses et hostiles à toute implication dans la vie sociale et politique. «Ils sont très critiques envers les djihadistes car ils les accusent de mélanger religion et politique», explique Samir Amghar, chercheur à l'Université libre de Bruxelles.

Cependant, les différentes familles du salafisme ont en partage des références idéologiques, un imaginaire religieux. Dans les années 1990, il pouvait y avoir une forme de continuum. Mais lorsqu'au début des années 2000, l'Arabie saoudite s'est clairement opposé au djihadisme, cette relation mécanique n'a plus existé. Les observations de terrain montrent qu'il n'y a pas de relation de causalité. Cela n'empêche pas qu'un quiétiste puisse basculer dans la violence par déception envers le manque d'action politique.

"Une minorité de salafistes est en train de gagner la bataille idéologique et culturelle de l'islam de France. Il n'y a qu'eux qu'on entend. Le salafisme peut amener à l'islamisme radical et au terrorisme", a déclaré Manuel Valls en clôture de la journée de conférences et de débats sur l'islam et la récupération politique en Europe. Les salafistes ne représentent qu'un pour cent des musulmans de France et pourtant, selon Manuel Valls, on entendrait qu'eux. Sur le net, beaucoup de vidéos sont publiées par des prédicateurs salafistes, ce qu'il fait qu'ils sont vraiment numéro 1 sur ce média.

Depuis quelques années leur pression se fait sentir dans les lieux de culte traditionnels. Azzedine Gaci, le recteur de la mosquée de Villeurbanne, date leur intérêt nouveau «du printemps arabe». «*Avant, les responsabilités, ça ne les intéressait pas, relève-t-il. Maintenant, si. Jamais ils ne participent à la construction d'une mosquée, mais une fois qu'elle existe, ils arrivent.*»

Ils commencent généralement par prendre pour cible l'imam. «*Ils critiquent son discours, ses vêtements, ses idées, sa façon de diriger la prière… Ils essaient de le déstabiliser*», décrit le responsable rhônalpin. Leur offensive prospère si «*la mosquée n'est pas bien gérée, si elle n'a pas beaucoup d'activité, si ses dirigeants sont peu identifiés ou n'assument pas leurs responsabilités*». Elle prend bien souvent les responsables en place au dépourvu. La plupart du temps, les membres de l'association culturelle, qui dirige le lieu de prière, évitent d'ébruiter leurs difficultés. Parfois ils tentent de s'accommoder avec ces groupes d'hommes souvent plus jeunes et plus présents, en leur concédant l'accès aux locaux pour des activités de prédication ou autres.

«*Certains ont peur d'une fermeture du lieux de culte en cas de querelle publique, d'autres, par crainte de la fitna [division], s'efforcent d'atténuer les conflits en espérant que cela aille mieux*», observe Haoues Seniguer, chercheur au Groupe de recherches et d'études sur la Méditerranée et le Moyen-Orient. Ils ont en tout cas peu de recours possibles pour les aider. «*Les instances musulmanes ne sont pas capables de gérer ces problèmes. Et certains politiques, certaines municipalités ne sont pas clairs dans leur façon de réagir. Beaucoup d'associations ont pignon sur rue sans avoir d'autorisation. Ce n'est pas normal* », accuse Azzedine Gaci

Les revenants

Selon les chiffres officiels, environ 1.100 Français sont partis en Syrie depuis 2012, souvent en famille. Dans la série de portraits proposée par David Thomson, journaliste pour RFI, on passe rapidement sur Bilel, premier Français poursuivi en Turquie pour des actes de terrorisme et encore emprisonné sur place, un "naïf" assumé. Caché dans le livre derrière un pseudonyme, il raconte son retour volontaire de Syrie. "*Le déclic, dit-il, c'était les attentats de Paris*". Il assure qu'il n'"*était pas venu pour cela*". Il y a une part de candeur chez ce jeune homme parti la fleur au fusil et marié à une femme "*rencontrée via Facebook qu'il a fait venir de France*", avant de lui faire un enfant sur place.

Il ne voulait pas combattre mais il s'est proposé comme chauffeur de l'organisation Etat islamique quand on en a recherché. Ses nuances de regrets s'expriment sur un registre surprenant : "*Moi, je ne suis pas venu pour imposer la charia. Je suis venu pour vivre sous la charia.*" C'est sa prise de conscience qui l'a conduit à revenir, en appelant les autorités consulaires françaises pour organiser sa capitulation.

Figurent aussi, dans ce cortège, les jeunes gens blessés après quelques semaines dans un pays en guerre, qui détaillent leur fuite en arrière. La surprise est d'apprendre que l'EI compte une bureaucratie telle, qu'elle délivre des laissez-passer aux candidats au départ afin de lutter contre les désertions de plus en plus nombreuses. 250 Français déçus du djihadisme ont déjà fait le chemin inverse. Soit un sur quatre.

A leur retour, certains font plus pitié que peur, à l'instar de ce jeune homme qui tente de faire croire aux services de renseignement qu'il était en Turquie pour les vacances, qu'il s'est endormi dans un taxi et s'est retrouvé en Syrie. D'autres laissent un goût amer à la lecture de leur parcours. C'est le cas de celui-ci, revenu, "judiciarisé" et qui, de retour aujourd'hui dans sa famille et rendu à sa solitude, traîne devant ses écrans à l'affût de la moindre information sur la Syrie. Le hasard veut qu'il croise, à Paris, en plein quartier de Belleville, un réfugié syrien qu'il avait rencontré deux ans auparavant en pleine guerre.

D'autres, femmes comme hommes, ne sont pas revenus. "Je suis un simple soldat", proclame Abou, ancien petit dealer de shit du 93 installé en Syrie, précisant qu'il est décidé à rester et veut "tout exploser", "femmes, enfants, chats, chiens, chameaux et économie du tourisme". Ses héros sont tous ceux qui sont passés à l'action en France, notamment Rachid Kassim et inspirateur présumé de plusieurs attentats en France.

Dans son discours de jeune homme passé par les collèges et les lycées de la région parisienne, se lit un sentiment confus mais explosif : "*Il dit à la fois détester la France mais ne pas en vouloir aux Français, qu'il appelle pourtant à tuer*", écrit David Thomson. La dimension psychiatrique n'est pas loin, même si l'auteur considère ce prisme peu convaincant.

Il prévient en ouverture de son livre : "*Ces milieux sont quasiment toujours traités par la lucarne de sources secondaires, émanant des services de police ou de justice : PV de garde à vue, ordonnances de renvoi, écoutes téléphoniques, etc... Considérant ce prisme comme indispensable et biaisé, j'ai fait le choix dès le départ de me couper de ce type de sources pour ne travailler qu'à partir de sources primaires, les djihadistes eux-même*

Le financement

Le revenu annuel théorique de l'organisation s'établit à près de 3 milliards de dollars par an, et que sa richesse, en comptant l'ensemble des réserves – pétrole, gaz naturel, etc. – qui sont à sa disposition, représente plus 2 000 milliards de dollars.

Ce financement présente trois caractéristiques. Premièrement, l'État islamique est autosuffisant sur le plan financier. C'est un changement total de modèle économique par rapport aux dispositifs précédents, en particulier celui d'Al-Qaïda, qui dépendait de financements extérieurs provenant de donateurs privés ou institutionnels, notamment des ONG islamiques du Golfe.

Deuxièmement, les sources de financement sont diversifiées, s'appuyant principalement sur l'exploitation des ressources naturelles : pétrole, gaz naturel, agricultureLe revenu annuel théorique de l'organisation s'établit à près de 3 milliards de dollars par an, et que sa richesse, en comptant l'ensemble des réserves – pétrole, gaz naturel, etc. – qui sont à sa disposition, représente plus 2 000 milliards de dollars.
, eau. Troisièmement, les sources d'origine criminelle – extorsions, rançons – sont limitées. , eau. Troisièmement, les sources d'origine criminelle – extorsions, rançons – sont limitées.

Le régime actuel des sanctions ciblées, notamment le gel des fonds appliqué par l'Organisation des Nations unies, semble inadapté pour faire face à ce nouveau modèle économique et n'aura que peu d'effets sur le financement de l'État islamique. L'organisation est autosuffisante et n'effectue pas de transactions internationales.

Avec l'avènement de l'État islamique, Al-Qaïda est, pour la première fois depuis sa création en 1988, confrontée à une organisation concurrente. La structure d'Al-Qaïda a évolué : on est passé d'une organisation élitiste et combattante à une organisation multipolaire ayant de nombreux affiliés, puis à un mouvement attrape-tout, inspirateur plus qu'acteur opérationnel.

Al-Qaïda s'est progressivement détournée du champ de bataille et a laissé la place, d'abord à des structures affiliées, puis à des organisations combattantes locales. D'une certaine manière, elle s'est déterritorialisée et dématérialisée. Pour autant, le djihadisme n'a pas éclipsé le terrorisme. La dynamique des deux phénomènes veut qu'ils s'alimentent mutuellement.

Certains ont minimisé le risque terroriste représenté par l'État islamique en faisant valoir que son objectif était avant tout régional : celui de consolider le califat déclaré en juin 2014. Pour les spécialistes ce djihad régional se transformerait en menace globale.

D'abord parce que c'est l'histoire même du mouvement djihadiste de ces trente dernières années: les moudjahidines d'Afghanistan, par exemple, avaient également des objectifs régionaux avant de se transformer en Al-Qaïda. Ensuite parce que l'État islamique lui-même, confronté à une coalition internationale, a appelé dès septembre 2014 ses sympathisants à frapper les membres de cette coalition sur leur sol.

Enfin parce que, dans le cas de l'État islamique, bien différent de celui d'Al-Qaïda, la mobilisation est sans précédent: même si les objectifs stratégiques de l'organisation ne sont pas nécessairement terroristes aujourd'hui, la participation massive de djihadistes aura forcément – et a déjà – des conséquences sur le sol français et en Europe.

Dernier facteur: le djihad est depuis longtemps le ressort des mouvements terroristes islamistes. Sans cette base, ce ciment fédérateur tant idéologique que militaire, ceux-ci deviendraient des groupes nihilistes, sans véritable direction et voués à perdre progressivement leur crédit et leurs recrues.

L'État islamique dispose à la fois de la puissance d'une organisation et d'une capacité de mobilisation sans précédent, ces milliers de djihadistes étant susceptibles de constituer, à terme, une véritable force de projection terroriste si l'organisation le décidait.

Si Al-Qaïda et l'État islamique luttent pour le leadership du djihad mondial, les passerelles sont multiples entre les deux organisations sur le terrain comme sur le plan idéologique. En témoignent les allégeances, soutiens et autres ralliements auxquels nous assistons depuis huit mois de la part de groupes précédemment affiliés à Al-Qaïda ou faisant dissidence.

Dans l'univers djihadiste, il existe également des liens qui transcendent les organisations. L'histoire a montré que les réseaux interpersonnels perdurent, que ces réseaux peuvent se reconstituer rapidement, qu'ils s'adaptent en permanence par nécessité ou opportunisme. C'est précisément cette ductilité qui fait leur force.

L'exemple le plus récent de cette situation nous a été donné avec les attentats de Paris (Janvier 2015), opération coordonnée entre les frères Kouachi et Amédy Coulibaly alors que les premiers et le second se réclamaient d'organisations distinctes.

Nous observons aujourd'hui la conjonction d'une menace nouvelle par son ampleur, la menace djihadiste, et d'une menace terroriste ancienne et latente qui refait surface à la faveur du contexte international. Cette menace est protéiforme. Les actions menées en Occident depuis plusieurs mois en témoignent: qu'elles se situent dans l'orbite terroriste ou dans la mouvance djihadiste, elles peuvent être dirigées, incitées, aidées ou simplement inspirées par ces organisations.

Protéiforme dans son origine, cette menace l'est également dans ses manifestations et son mode opératoire, qui sont désormais sensiblement différents de ce que l'on observait dans les années 1980, 1990 et 2000. Ces évolutions s'observent essentiellement dans quatre domaines.

Sur le plan structurel, nous devions faire face à des groupes structurés, organisés et hiérarchisés ; nous sommes passés à un terrorisme individuel ou «micro-cellulaire». Cette mutation a pour origine les groupes terroristes eux-mêmes, qui se sont adaptés aux contraintes sécuritaires et à l'atomisation des enjeux en privilégiant une approche dématérialisée, entretenant avec leurs membres ou leurs sympathisants un rapport quasi virtuel, sans contacts physiques, principalement grâce à l'Internet. Dès la fin des années 1990, un des stratèges d'Al-Qaïda, le syrien Abou Moussab al-Souri, avait anticipé cette mutation en prônant le djihad individuel – jihad al-irhab al-fardi.

En 2000, il expliquait lors d'un enseignement dans un camp d'entraînement afghan que «les jeunes rechignent à adhérer à une organisation hiérarchique par crainte d'être identifiés par les autorités». Le terrorisme, hier structuré par des organisations et des réseaux, s'est mué en une multitude d'acteurs groupusculaires qui n'entretiennent peu ou pas de liens hiérarchiques ou directionnels avec un des groupes terroristes. C'est ainsi que les actes de terrorisme individuel en Europe ont représenté 12 % des attentats entre 2001 et 2007 et de 40 à 45 % depuis cinq ans.

Sur le plan tactique, ces individus ou ces micro-cellules n'engagent pas de préparatifs importants, leurs actions sont parfois même improvisées, ce qui réduit encore notre capacité à les détecter et les identifier pour les neutraliser préventivement, contrairement à ce qui fut le cas pour la plupart des projets d'attentats en Europe dans les années 2000.

Ils recourent de moins en moins à l'explosif, ou de manière beaucoup moins sophistiquée qu'auparavant. Son maniement est considéré à raison comme complexe et l'acquisition de substances et de composants est sujette à la surveillance des services régaliens.

Ils privilégient le recours aux armes de poing et aux armes blanches, qui représentent 50 % des attentats planifiés depuis cinq ans en Europe. Enfin, ils préfèrent les attentats ciblés et symboliques à forte résonance médiatique: communauté juive, police, militaires, Charlie Hebdo... C'est ce que l'on a appelé le «terrorisme stratégique», qui fait usage d'une violence ciblée, discriminée, vecteur, contrairement aux attentats «aveugles», d'une plus grande légitimité pour ces groupes.

Depuis 4 ans (2012), 20 000 combattants étrangers provenant de 90 pays se sont rendus sur le théâtre d'opérations syro-irakien, soit plus que de djihadistes partis en Afghanistan en dix ans. Parmi ces combattants étrangers nous dénombrons désormais près de 4 500 ressortissants ou résidents de 20 pays de l'Union européenne impliqués dans des filières djihadistes, sachant que 60 % d'entre eux proviennent de trois pays, la France, la Grande-Bretagne et l'Allemagne, et que 30 % viennent de France, ce qui représente le premier contingent européen.

Parmi ces 4 500 djihadistes, on estime qu'entre 800 et 1 000 sont revenus sur le territoire européen. Ce phénomène touche également plusieurs pays situés aux frontières de l'Union européenne : la Suisse, avec plus de 50 djihadistes, les Balkans, avec un effectif de 650, la Russie, d'où sont partis entre 800 et 1 500 individus.

Les conséquences de cet engagement sur le plan sécuritaire sont multiples. Dans tous les conflits impliquant la présence de djihadistes étrangers depuis trente ans, qu'il s'agisse de l'Afghanistan, de la Bosnie, de la Tchétchénie, de la Somalie ou de l'Irak, on a toujours observé des répercussions de cette participation à court, moyen ou long terme dans nos pays, la menace intérieure prenant la forme d'actions de propagande, de recrutement, de soutien ou de terrorisme.

Ce sont des djihadistes ayant combattu sur des théâtres étrangers qui ont été à l'origine de tous les projets d'attentats majeurs ayant visé le territoire national, notamment le projet contre le marché de Noël de Strasbourg en 2000, le projet du réseau Beghal visant l'ambassade des États-Unis à Paris en 2001, le projet d'attaque chimique à Paris en 2002 – réseau Ben Chellali – et les projets visant la tour Eiffel et la cathédrale Notre-Dame de Paris en 2010.

La première conséquence de cet engagement, pour une minorité de ces djihadistes, est le basculement au retour dans la violence terroriste, ou la poursuite du djihad sur leur propre sol.

La participation à des activités terroristes au retour résulte de deux processus déjà observés dans le passé : l'appartenance à une organisation et la socialisation. Dans le premier cas, le combattant a rejoint un groupe terroriste dont l'objectif affiché est de frapper les pays occidentaux, il sera donc incité ou dirigé à plus ou moins long terme pour commettre un acte terroriste.

C'est le cas, typiquement, de la cellule de Hambourg, qui mena les attentats du 11 septembre. Dans le second cas, c'est le contact, l'interaction avec d'autres combattants et la conscience progressive de la légitimité d'une action sur son propre sol qui inspire le djihadiste pour passer à l'action. Ce fut le cas de la cellule de Francfort en 2000 et de la filière tchétchène en 2002.

L'étude la plus récente, qui date de 2013, montre que, entre 1990 et 2010, sur 945 djihadistes occidentaux s'étant rendus sur un théâtre d'opérations à l'étranger, 107 ont été impliqués dans la commission d'actes de terrorisme, soit plus de 11 %. En France, le magistrat antiterroriste Marc Trévidic estime que cette proportion est de 50 %.

À l'heure actuelle, 4 Français sur les 190 qui sont revenus du théâtre d'opérations syro-irakien ont été impliqués à leur retour dans des activités terroristes, qu'il s'agisse de la préparation ou de la commission d'attentats, ce qui représente 2 % des « retournées». Cette proportion est identique à celle que l'on observe au plan européen.

La seconde conséquence découle à court terme du retour de djihadistes et à long terme de l'impact qu'auront ces événements en termes de radicalisation.

Les combattants ont une capacité d'endoctrinement très forte à leur retour car ils disposent d'un ascendant important et sont auréolés de leur statut de combattant. Ils sont donc susceptibles de mener des actions de propagande, de prosélytisme et de recrutement.

Au-delà des seuls combattants, l'emprise et l'enracinement à long terme, par capillarité, du phénomène salafiste djihadiste et de ses soutiens, sont une cause de préoccupation majeure, amplifiée par la propagande massive et accessible à tous les groupes djihadistes.

Le gouvernement estime aujourd'hui à plus d'un millier le nombre de sympathisants français sur l'Internet. Une minorité d'entre eux, à l'instar des combattants, ont une capacité de mobilisation, comme nous l'ont montré les attentats et projets d'attentats déjoués depuis deux ans.

Cette capacité de mobilisation est alimentée par la propagande des groupes djihadistes, notamment l'État islamique qui a appelé à plusieurs reprises depuis le mois de septembre ses sympathisants à frapper les pays de la coalition, appels eux-mêmes relayés par des combattants occidentaux de diverses nationalités.

De ce point de vue, l'État islamique agit plus comme un catalyseur et un déclencheur du passage à l'acte que comme une source de radicalisation.

Depuis le début du conflit en Syrie, plus de vingt projets d'attentat ont visé les pays occidentaux et leurs ressortissants. Sur les seize attentats ou projets d'attentat documentés, sept, soit un peu moins de la moitié, ont été menés à leur terme.

À l'exception de l'action commise à Bruxelles par Mehdi Nemmouche avant l'appel de l'État islamique à des actes individuels, ces attentats ont été perpétrés par des personnes qui n'avaient pas combattu sur le théâtre d'opérations djihadiste en Syrie ou en Irak, soit qu'elles en eussent été empêchées, comme ce fut le cas de différents terroristes en Australie et au Canada notamment, soit qu'il se fût agi de sympathisants d'organisations djihadistes.

Par ailleurs, neuf attentats ou projets d'attentat ont été conçus par des individus agissant seuls. Pour ce qui est du mode opératoire, les individus ayant combattu sur le théâtre d'opérations syro-irakien envisageaient des modalités complexes – attaques multiples, usage d'explosifs, attaques suicides –, tandis que les sympathisants recouraient à des modalités rudimentaires – voiture bélier, arme blanche, arme de poing, fusil de chasse –, suivant en cela les recommandations formulées par le porte-parole de l'État islamique al-Adnani au mois de septembre 2014.

Enfin, comme nous l'avons constaté avec plusieurs terroristes condamnés en France et déchus de leur nationalité française, notamment Djamel Beghal, mentor d'Amedy Coulibaly et de Chérif Kouachi, certains n'ont toujours pas pu être expulsés en raison de l'opposition de la Cour européenne des droits de l'homme, qui invoque des risques de traitements inhumains et dégradants pour refuser leur expulsion, notamment vers l'Algérie.

Il faut également s'interroger sur le contrôle qu'a l'État islamique de plusieurs établissements bancaires – environ 24 à Mossoul, à Rakka, à Deir Ezzor. Aujourd'hui encore, aucune sanction internationale ne vient frapper ces établissements qui, j'en ai eu la confirmation tout récemment, continuent à effectuer des transactions internationales. Nous sommes en effet dans un régime de sanctions ciblées et de gel des fonds qui nous oblige à identifier des individus, des intermédiaires ou des sociétés pour bloquer leur accès au système financier international.

Le phénomène des filières djihadistes, qui concerne au premier chef la zone irako-syrienne, atteint une ampleur sans précédent et la radicalisation touche désormas une grande diversité de personnes. Il en résulte une aggravation très préoccupante de la menace terroriste, qui a également profondément changé de nature par rapport à celle que notre pays a connue dans les années 1990 et 2000.

Les organisations terroristes djihadistes constituent une première source de menaces. Il s'agit d'Al-Qaïda et des groupes qui lui sont affiliés, notamment Al-Qaïda dans la péninsule arabique, qui a revendiqué l'attentat commis par les frères Kouachi, ou Al-Qaïda au Maghreb islamique (AQMI), ainsi que de Daech.

Les retours de djihadistes de la zone irako-syrienne sont l'un des facteurs importants de l'aggravation de la menace, la majorité d'entre eux ayant combattu dans les rangs de Daech, qui a officiellement appelé le 21 septembre 2014 à la commission d'attentats terroristes en France et dans les pays participant à la coalition.

Radicalisation

Le phénomène que connaît actuellement la France est largement inédit, tant au regard ce son ampleur que de sa nature. Le nombre des Français ou résidents français concernés par les filières irako-syriennes connaît depuis janvier 2013 une constante augmentation. Les djihadistes quittant la France rejoignent principalement les rangs de Daech et, dans une moindre mesure ceux de Jabhat Al-Nosra, organisation affiliée à Al-Qaïda.

D'après les chiffres communiqués par le ministre de l'Intérieur le 19 mai 2015, 1 683 individus ont été recensés, ce qui représente un triplement depuis janvier 2014. Les chiffres communiqués à la date du 26 mai font état de 1 704 personnes impliquées.

Ce nombre recouvre des situations différentes et on distingue parmi ces personnes:
- 457 individus présents en Syrie ou en Irak, dont 137 femmes et 80 mineurs (dont 45 jeunes filles)
- 320 individus considérés comme en transit entre la France et la Syrie
- 278 individus détectés comme étant repartis de la zone, dont 213 sont revenus en France. Les autres sont principalement localisés en Turquie et dans les pays du Maghreb. Depuis les premières frappes de la coalition en septembre 2014, le nombre de volontaires ayant regagné la France est passé de 121 à 212, soit une progression de 57 %
- 105 présumés morts dont 8 dans des opérations suicides
- 2 détenus en Syrie
- 521 ayant des projets de départ.

L'ampleur de la menace terroriste djihadiste est donc sans commune mesure avec ce qu'elle a pu représenter dans les années 1990 et 2000, avec les filières afghanes, bosniaques ou tchétchènes. Ainsi, une quarantaine de djihadistes Français seulement avaient combattu en Afghanistan au cours de la dernière décennie.

Le phénomène des départs pour le djihad vers la zone irako-syrienne n'est pas propre à la France, le recours aux « combattants étrangers » faisant partie intégrante de la stratégie de Daech : comme l'a indiqué devant la commission d'enquête M. Laurent Fabius, ministre des Affaires étrangères et du développement international, environ 20 000 de ces combattants, originaires de plus d'une centaine de pays, sont recensés dans les rangs de Daech, sur un nombre total de combattants estimé entre 40 000 et 50 000.

La majorité de ces combattants étrangers provient des pays d'Afrique du Nord : entre 2 000 et 3 000 de Tunisie, entre 1 500 et 2 000 du Maroc, entre 1 300 et 2 500 de Jordanie, 1 300 de Turquie, 500 d'Égypte.

En agrégeant les personnes qui sont présentes dans cette zone, celles qui y sont décédées ou détenues, celles qui sont en transit pour la rejoindre, la France apparaît actuellement comme le principal pays européen de départ, suivie par le Royaume-Uni, avec 700 départs, l'Allemagne, 600, et la Belgique, 250 environ.

Il convient néanmoins de souligner les limites des comparaisons internationales. En effet, les méthodes de comptabilisation du nombre de «combattants étrangers» ne sont pas harmonisées au niveau européen. Par ailleurs, le décompte dépend des capacités de détection des États ainsi que de leur volonté de partager ces données sensibles.

Au-delà du phénomène des départs vers la zone irako-syrienne, selon les chiffres communiqués par le ministère de l'Intérieur le 18 mai dernier, environ 2 800 personnes nécessitent une attention particulière de la direction générale de la sécurité intérieure (DGSI), dont 1 345 en raison de leur implication dans les filières irako-syriennes.

M. Bernard Cazeneuve, ministre de l'intérieur, avait indiqué, lors de son audition du 21 janvier 2015, le chiffre de 3 000 personnes en incluant les personnes relayant les discours des groupes terroristes sur internet et les réseaux sociaux.

Profil

Les personnes ayant quitté la France pour la zone irako-syrienne constituent une population jeune. Un nombre croissant de mineurs est concerné, certains adolescents élaborant des projets de départ vers la zone irako-syrienne à l'insu de leur famille tandis que d'autres mineurs, parfois très jeunes, sont partis avec leurs familles.

Une diversification des profils est observée. Plus de 20 % sont des femmes. Celles-ci sont souvent les épouses de djihadistes ayant accompagné ou rejoint leur mari, parfois avec leurs enfants mais des jeunes filles ont également rejoint la zone irako-syrienne (45 jeunes filles sur 80 mineurs).

Par ailleurs, si la majorité des djihadistes est issue de familles de culture arabo-musulmane, plus de 20 % de convertis sont cependant comptabilisés, cette proportion atteignant 25 % s'agissant des femmes.

Leur origine sociale est également diverse. Depuis le début de la guerre civile en Syrie en 2013, on pouvait constater un afflux de jeunes issus des classes moyennes vers le djihadisme, alors que l'image classique que nous avons du djihadiste est celle d'un jeune de banlieue qui est passé par les étapes suivantes : déviance, prison, sortie de prison, récidive, participation à des trafics, illumination mystique (...), voyage initiatique dans des pays où sévissent des formes de djihadisme, retour en Europe, accomplissement d'un certain nombre d'actes violents sur les citoyens.

Il est ainsi frappant de constater que plus de la moitié des personnes parties vers la zone irako-syrienne étaient inconnues des services.

Les départs se sont faits principalement de six régions : Île-de-France, Rhône-Alpes, Provence-Alpes-Côte d'Azur, Languedoc-Roussillon, Nord-Pas de Calais et Midi-Pyrénées. Néanmoins, il convient de souligner que l'ensemble du territoire est concerné et que les données relatives à la répartition géographique doivent être analysées en tenant compte de la démographie des différentes régions, ainsi que des phénomènes de départs groupés qui ont affecté certains départements, qu'il s'agisse de départs de familles entières ou de groupes de jeunes.

S'agissant de la population, plus large, des personnes radicalisées, les données relatives aux signalements recueillis par le CNAPR et par les états-majors de sécurité départementaux traduisent également une absence de profil type :
- 75% des signalements concernent des majeurs et 25% des mineurs ;
- 35 % des signalements concernent des femmes ;
- s'agissant des mineurs, 56 % des signalements concernent des jeunes filles ;
- 41 % des signalements concernent des convertis ;
- 9 % des personnes signalées sont déjà parties, principalement en Syrie.

Il convient cependant d'interpréter ces chiffres avec prudence, dans la mesure où ils ne concernent que les cas de radicalisation ayant fait l'objet d'un signalement, émanant en règle générale de la famille, et comportent donc différents biais. Ainsi, la part des convertis s'y trouve surreprésentée car les familles de culture arabo-musulmane utilisent moins le dispositif de signalement, ce qui peut être lié à des différences de perception sociale de la radicalisation. La proportion importante de signalements concernant des femmes peut, quant à elle, s'expliquer par une attention plus importante des familles à leur égard. La répartition géographique des signalements correspond à celle des personnes concernées par les filières irako-syriennes.

Idéologie politique

Les auditions menées par la commission d'enquête en 2015 ont apporté un éclairage sur la dimension guerrière et politique du djihad, que la commission considère comme plus importante que sa dimension religieuse. Ainsi que l'ont rappelé des membres de la commission d'enquête, lorsqu'Ibn Saoud a pris le pouvoir dans ce Nedjd qu'il allait transformer en Arabie saoudite, ne cachait-il pas ses ambitions politiques sous un discours religieux?

Pour M. Mohamed Zaïdouni, président du conseil régional du culte musulman de Bretagne, un élément-clef permettant d'expliquer la radicalisation d'un individu tient à son ignorance ou à sa connaissance insuffisante de la religion. « *La plupart de ceux qui tombent dans la radicalisation ne connaissent pas leur religion ou la connaissent mal par manque d'outils linguistiques et théologiques. L'ignorance est un terreau fertile pour la culture du fanatisme, elle prédispose à l'endoctrinement et à la radicalisation. Les terroristes qui passent à l'acte ne sont pas solidement enracinés dans leur religion et n'ont reçu qu'une éducation spirituelle superficielle. Ayant connu la délinquance, le banditisme ou la prison, souvent en situation d'échec scolaire ou social, ils sont en quête d'une forme de reconnaissance et rattachent pour cela leurs actes à une religion, voire à un simple slogan dont ils ignorent la signification profonde* ».

Plusieurs notions religieuses sont d'ailleurs détournées par les djihadistes. Les islamistes radicaux font du combat contre les « mécréants », c'est-à-dire principalement les juifs et les chrétiens, mais aussi contre les apostats, le principe de base de leur islam. Ils cherchent à imposer la violence comme une obligation, une preuve de foi qui serait la seule façon de combattre les valeurs païennes qui gouvernent le monde.

Pour cela, ils détournent le concept de djihad qui signifie à l'origine «l'effort du croyant» dans sa recherche de Dieu. Or ce djihad spirituel est d'abord un engagement envers soi-même. Selon M. Dalil Boubakeur, président du Conseil français du culte musulman, le mot arabe jihad renvoie à l'effort : jahada, c'est faire effort. « *Celui-ci a une connotation quasi mystique : c'est un effort sur soi-même pour se corriger, se purifier, pour être un bon musulman, quelqu'un qui se remet en question et essaie d'être à la hauteur de ce que Dieu attend de lui* ».

Certains spécialistes rappellent que ce n'est que sous des conditions très strictes qu'il peut devenir un djihad armé établi par l'autorité de l'État, et non par des individus, uniquement en cas de légitime défense.

Comme le rappelle Mme Dounia Bouzar, anthropologue du fait religieux, toutes les religions monothéistes évoquent dans leur récit une fin du monde. Dans l'islam, elle se réalisera sur la « terre du Sham » qui correspond à une vaste région qui englobe la Syrie, le Liban, la Jordanie, la Palestine ainsi qu'une partie de l'Irak et de la Turquie.

Le massacre d'une partie du peuple syrien par le président Bachar el-Assad a constitué, aux yeux des radicaux, l'un des signes de l'imminence de la fin des temps : selon eux, la Syrie sera l'actuel théâtre de la prophétie apocalyptique mondiale annoncée par les textes saints et c'est donc là que se produirait la « troisième guerre mondiale » conduisant à la fin du monde ;

le Mahdi, descendant du prophète apparaissant à la fin des temps pour sauver le monde, émergera des légions djihadistes actuellement au combat ; seuls accèderont au paradis les « Véridiques » ayant combattu au sein de l'armée du Mahdi, les autres étant voués à l'enfer, et chaque martyr pourra emmener avec lui 70 personnes au paradis. C'est cette vision qui incite les jeunes en voie de radicalisation à gagner le Sham et délégitime tout individu qui reste en Occident.

Enfin, la notion d'«hijra» peut se traduire par la « fuite», l'«exil » ou l'«émigration» et évoque le départ contraint du Prophète, persécuté, de la Mecque vers Médine en l'an 622. S'ouvre alors une ère nouvelle, l'Hégire, qui marque le début du calendrier islamique et correspond à une période où les musulmans cessent de fuir, affrontent leurs ennemis et se lancent dans des conquêtes territoriales.

Les islamistes radicaux actuels auraient, selon Mme Dounia Bouzar, déformé le sens de ce concept pour convaincre les jeunes qu'ils vivent les mêmes persécutions que le prophète (interdiction du foulard, stigmatisation dans les médias, discriminations à l'embauche...) et les inciter à vivre en Syrie ; l'Occident est une terre à fuir et tout musulman restant ailleurs que sur la terre du Sham est illégitime car appartenant aux ennemis de l'islam.

Il est d'ailleurs révélateur de constater que certains djihadistes ayant rejoint la Syrie ne sont pas partis pour combattre sur la ligne de front, mais pour ouvrir des commerces ou des restaurants à Racca ou occuper des fonctions administratives ou judiciaires – un juge islamique de Daech serait ainsi de nationalité française.

Interrogés sur ce point, les services du ministère de l'intérieur reconnaissent qu'« *il conviendrait en effet de distinguer les individus partant dans la zone syro-irakienne pour combattre ou apporter leur soutien aux combattants - les "djihadistes" - de ceux et celles souhaitant simplement faire leur hijra, c'est à dire vivre dans un milieu purement islamique. Cependant cette distinction n'est pas aisée à opérer, cette distinction n'étant pas forcément connue, perceptible ni toujours claire dans l'esprit des "partants".* »

L'idéalisme de l'homme révolté par l'injustice du monde semble prédominer chez les djihadistes. L'individu se marque en rupture à travers la séduction que constitue le modèle narcissique du « rebelle » dans nos sociétés. Le nouveau croyant se restructure autour d'un contre-système de valeurs supposées traditionnelles qui le différencient du monde environnant : il oppose la frugalité à l'opulence du monde ; la pudeur et la décence à la sexualité agressive commerciale des pays occidentaux : la spiritualité au matérialisme ; la solidarité à l'individualisme.

Lors de son audition devant la commission d'enquête, M. Samir Amghar, chercheur, a ainsi affirmé : «Dans le marché des utopies, il ne reste que le djihadisme». Selon M. Fahrad Khosrokhavar, «*dans les banlieues et dans les prisons, qu'on le veuille ou non, l'islam dans sa version djihadiste est devenu la religion des opprimés. Tous ceux qui ont des reproches à faire à la société trouvent des réponses en son sein* ».

Selon lui, les jeunes qui, dans les années 1970, auraient pu adhérer aux groupes d'extrême-gauche violente tels qu'Action directe en France, les Brigades rouges en Italie ou Baader-Meinhof en Allemagne, trouvent dans le djihadisme un écho à leurs revendications : anti-impérialisme, anti-américanisme, rejet de l'arrogance occidentale.

Le professeur Raphaël Liogier ne dit pas autre chose lorsqu'il affirme que «*le califat occupe une place omniprésente dans l'imaginaire, même inconscient, des musulmans ; il peut revêtir des traits abstraits ou spirituels, mais il peut également représenter une utopie politique à l'image de la société sans classe de Karl Marx* ».

On ne peut d'ailleurs manquer de faire le rapprochement entre «l'idéologie » djihadiste et ses méthodes et celles de l'extrême-gauche violente, notamment dans la définition des cibles symboliques à atteindre – comme les tours du World Trade Center qui incarnent le capitalisme – ou dans l'évocation de conflits comme celui qui oppose les Israéliens et les Palestiniens.

Dans son récent rapport d'information sur l'indignité nationale, le président de la commission des Lois de l'Assemblée nationale, M. Jean-Jacques Urvoas, établit un parallèle entre le mouvement anarchiste que la France et d'autres pays d'Europe ont connu un siècle plus tôt et l'actuel terrorisme djihadiste.

La fin du XIXème siècle et le début du XXème siècle sont marqués en France par une répression inflexible à l'égard des anarchistes qui ont choisi la voie de la terreur à partir des années 1890 pour diffuser leur idéologie.

Fondé sur la négation du principe d'autorité dans l'organisation sociale et le refus de toute contrainte découlant des institutions dont la raison d'être repose sur ce principe, à commencer par l'État, l'anarchisme a alors pour but de développer dans le monde entier des contre-modèles politiques, institutionnels, économiques, sociaux et culturels : les anarchistes prônent une société sans domination et sans exploitation, où les individus-producteurs coopèrent librement dans une dynamique d'autogestion et de fédéralisme.

Afin d'imposer ce modèle, ils recourent aux méthodes les plus dures : terrorisme, actions de récupération et de reprise individuelle, expéditions punitives, sabotage, boycott, voire certains actes de guérilla. Parmi leurs opérations les plus retentissantes qui, alors, marquèrent les esprits figurent les assassinats du tsar Alexandre II le 13 mars 1881 ou du président de la République Sadi Carnot à Lyon le 24 juin 1894, les tentatives d'assassinat de l'empereur Guillaume Ier d'Allemagne, des rois Alphonse XII d'Espagne et Humbert Ier de Savoie, ou encore divers attentats à la bombe et homicides.

Or, selon le président Urvoas, «*par bien des aspects, le terrorisme djihadiste auquel la France est aujourd'hui confrontée est comparable au terrorisme anarchiste de la fin du XIXème siècle. Ses affidés s'attaquaient déjà à des symboles de la "classe bourgeoise", de l'État, par définition oppresseur (magistrats, Chambre des députés, président de la République) et s'en prenaient parfois aussi, au hasard, à des anonymes. Peu organisés et parfois "auto-radicalisés" pour reprendre un néologisme contemporain, ils agissaient souvent seuls ou en petit nombre, comme les auteurs des récents attentats terroristes à Paris notamment. Ils étaient animés par un véritable esprit de vengeance et ne semblaient pas craindre la mort à l'instar des actuels terroristes djihadistes*».

Plusieurs chercheurs ont souligné que la radicalisation djihadiste dans son aspect révolutionnaire et totalitaire présentait des similitudes avec d'autres mouvements extrémistes non religieux. L'embrigadement djihadiste peut utiliser des méthodes d'emprise mentale caractéristiques des groupes sectaires et s'appuyer sur l'ensemble des moyens offerts par la propagande moderne.

Ainsi, en imposant le port du niqab et du jilbab aux jeunes filles, les intégristes effacent leurs contours identitaires. Privées de leur identité et de leur individualité, elles se fondent dans le groupe qui s'autorise alors à penser à leur place. Pour les garçons, cette destruction identitaire passe par un changement de nom.

La radicalisation procède le plus souvent d'une logique de rébellion qui peut expliquer en partie ses déclinaisons violentes et ses penchants révolutionnaires. Il n'est pas surprenant de constater que ce sont les plus jeunes, plus fragiles et influençables et souvent en quête d'idéal, qui sont les premiers touchés par ce phénomène.

Selon les personnes entendues par la commission d'enquête, il convient toutefois de rester prudent sur ce qui relève d'une part des manipulations sectaires, qui présuppose une perte de libre arbitre et réduisent le radicalisé au statut de victime et, d'autre part, ce qui est du ressort de la criminologie. Car, il n'y a pas toujours que de « jeunes victimes vulnérables» et sous emprise de gourous manipulateurs.

Certains jeunes, parfois délinquants, peuvent trouver dans cette déviance apparente un exutoire commode à leurs pulsions criminelles ou une couverture de respectabilité dissimulant des activités moins avouables. Par ailleurs, certains radicalisés épousent en toute connaissance de cause, sans perte de libre arbitre, le djihadisme en véritables militants politiques activistes.

Quiétiste et Djihadiste

Le salafisme est un mouvement ultra-orthodoxe de l'islam développant une approche littéraliste des versets coraniques et de la tradition prophétique. Une multitude de tendances s'est développée au sein de cet ensemble ; elles s'opposent entre elles sur les plans religieux et politique.

La particularité du salafisme français réside dans la large domination de sa branche quiétiste, légaliste et pacifique. Les tenants de cette mouvance se caractérisent par leur apolitisme et par leur rejet de la violence. Ils s'opposent ainsi systématiquement au positionnement politique des Frères musulmans en Égypte et à celui des islamistes marocains et algériens, car ils considèrent que l'islam n'est que religieux.

Le salafisme quiétiste critique les valeurs dominantes de la société et ne les reconnaît pas car elles ne sont pas régies par les lois islamiques. Un fossé existe cependant entre le discours et la pratique, car l'environnement, perçu comme hostile, conduit à réaliser des compromis. M. Rachid Abou Houdeyfa, très populaire auprès des jeunes musulmans, diffuse régulièrement sur Internet des vidéos regardées par plusieurs dizaines de milliers de personnes, il développe à partir de la matrice salafiste quiétiste l'idée qu'il est tout à fait possible de concilier salafisme et intégration dans la société française.

Toutefois, selon M. Samir Amghar, chercheur, les positions des salafistes ne semblent pas tranchées sur ce point. Selon lui, un certain nombre de salafistes quiétistes considèrent néanmoins qu'il s'avère impossible d'être pleinement musulman en France et qu'il y a lieu d'envisager d'émigrer.

Le salafisme représente le mouvement bénéficiant du plus grand nombre de conversions religieuses, et 20 à 30 % des salafistes sont des convertis. L'origine ethnique de ces derniers s'avère variée, puisque, selon M. Samir Amghar, « *ce sont des Français de métropole, des Camerounais, des Congolais, des Zaïrois, des Réunionnais ou des Martiniquais. Ils se convertissent au salafisme car celui-ci défend une vision rigoriste de l'islam ; tout parcours de conversion marquant une rupture, les tendances les plus orthodoxes, voire les plus radicales, se révèlent les plus attirantes. En outre, comme ils ne proviennent pas de familles de culture musulmane, ces personnes développent un complexe d'islamité et souhaitent rattraper leur retard en embrassant une vision orthodoxe de la religion* ».

L'écrasante majorité des salafistes ne deviennent pas des djihadistes. C'est d'ailleurs là la différence majeure entre le djihadisme et le fondamentalisme : un grand nombre de djihadistes – y compris les frères Kouachi et Amedy Coulibaly, ne sont pas passés par la phase fondamentaliste. Dans des cas très minoritaires, il arrive que le fondamentalisme soit l'antichambre du djihadisme. Mais il peut aussi être, une sorte de « remède contre le djihadisme, dans la mesure où les fondamentalistes observent un certain nombre de prescriptions contraignantes et se considèrent souvent, de ce fait, comme des élus, ce qui satisfait leur subjectivité ».

La radicalisation peut être non djihadiste, ainsi que le montre le cas d'Anders Breivik, qui a tué plus de soixante-dix personnes et en a blessé plus d'une centaine d'autres en Norvège. La radicalisation, au sens où les sociologues l'entendent, est la conjonction d'une idéologie radicale et d'une action violente.

De même, une action violente qui n'est pas inspirée par une idéologie radicale est une action crapuleuse, qui relève de la criminalité de droit commun. Pour les fondamentalistes, dans la très grande majorité des cas, cette conjonction n'existe pas. D'ailleurs, une suspicion indue à l'égard des fondamentalistes peut, au-delà d'un certain seuil, pousser quelques-uns d'entre eux vers des formes d'action violente, dans la mesure où ils penseront que, de toute façon, aucune différence ne sera faite entre des djihadistes et eux. En France, le fondamentalisme n'est pas illégal tant qu'il n'est pas assorti d'une action violente. M. Fahrad

Khosrokhavar insiste sur ce point : soyons vigilants et n'identifions pas indûment fondamentalisme et djihadisme: ils relèvent de deux registres différents ».

L'endoctrinement

Les vidéos de l'islam radical n'apparaissent pas dès le premier abord. De nombreux jeunes visionnent d'abord sur les réseaux sociaux des vidéos qui contestent le système productif et la société de consommation. Une partie des messages s'appuie sur des faits avérés ou vraisemblables tels que des médicaments qui se sont avérés nocifs, divers scandales alimentaires, des publicités mensongères ou certaines pratiques commerciales outrancières.

Ces vidéos ne sont pas malveillantes en elles-mêmes, mais leur cumul repris sous l'angle du complot immerge le jeune dans une vision du monde où la duplicité prévaut et où « on nous cache la vérité».

Le jeune a alors le sentiment d'avoir trouvé « la vérité cachée » qui explique à la fois son mal-être et l'état déplorable de la société. Il se laisse alors entraîner dans une succession de vidéos qui le dépriment, le paniquent mais aussi le galvanisent. Ces vidéos non prosélytes servent de moyen d'approche et contribuent à déstabiliser les individus fragiles, choqués par le cumul des contenus.

Une seconde série de vidéos persuade ensuite le jeune que des sociétés secrètes manipulent l'humanité et dirigent l'ensemble du monde à l'insu du peuple. La plus nocive d'entre elles serait celle des Illuminati, que les vidéos accusent de s'infiltrer partout pour asseoir son pouvoir. Certaines vidéos veulent persuader le spectateur que des symboles sataniques sont cachés partout, de l'étiquette de boissons sucrées aux billets de banque d'un dollar...

Enfin, une troisième série de vidéos persuade le jeune que seule une confrontation finale avec le monde peut sauver l'humanité grâce au « vrai islam ». Ces vidéos ont pour but de prolonger la phase d'endoctrinement en mettant en exergue des images encensant la beauté de la création d'Allah. Se mêlent à ces images réconfortantes des extraits détournés de témoignages de convertis, souvent sincères et d'interviews de pseudo scientifiques. Le jeune est alors sommé de se réveiller pour rejoindre le véritable islam, non pas celui de l'Arabie Saoudite, de la Tunisie ou de la France, mais celui des Véridiques, qui peut seul régénérer le monde lors de la confrontation finale.

Arrivent alors des vidéos de recrutement dont le but est de convertir un internaute qui ne se posait à l'origine aucune question spirituelle mais se trouvait plutôt engagé dans une volonté de se battre contre les injustices. Immergé dans une vision du monde où tout n'est que complot et mensonge, le jeune est persuadé que l'islamophobie n'est que la facette ultime du complotisme dans la mesure où cette religion constitue la seule chance de combattre les forces sataniques. Devenir un musulman rigoriste devient alors l'unique façon de détruire ces sociétés secrètes qui veulent anéantir l'humanité.

Le jeune se retrouve mentalement prisonnier d'une paranoïa qui peut le pousser à entrevoir les pires actes pour faire face au pire des mondes. (...) Le passage à l'acte terroriste devient possible si le sujet se met à entrer en contact avec des sites radicaux et à côtoyer des extrémistes prônant cette vision sombre et sans concession du monde.

Internet est la communication idéale pour un fonctionnement basé sur le réseau, ce qui est le cas des groupes terroristes en général. (...) Les terroristes d'aujourd'hui ne fonctionnent pas dans le vide ni isolément, contrairement aux apparences, mais sous la forme de réseaux qui apparaissent comme des organismes vivants nourris de dynamique de groupe, souvent plus élaborés qu'on ne le pense, en dépit des apparences de logistiques parfois sommaires. [...] Le réseau est l'élément-clé du fonctionnement d'un groupe terroriste, si réduit soit-il.

La mosquée

Le passage par la mosquée n'est pas automatique. Pour l'anthropologue, l'islam radical peut faire basculer des jeunes sans qu'ils n'aient participé à aucune prière. Certains sont partis ou voulaient partir en Syrie sans qu'aucune pratique religieuse ne soit décelée la veille.

Dans d'autres parcours, les radicaux passent par une mosquée pour renforcer l'alibi religieux de l'endoctrinement de leur victime. Ils créent alors une confusion en se faisant passer pour de simples musulmans orthodoxes alors qu'en réalité, ils mettent en place un processus d'endoctrinement de leur victime : interdiction de rencontrer ses anciens amis, cessation de certaines activités, arrêt des études... Les familles se retrouvent démunies face au changement de comportement de leur enfant et mettent parfois beaucoup de temps à réaliser qu'il ne s'agit pas seulement d'une conversion religieuse.

D'autres observateurs font remarquer qu'aucune enquête n'a permis de mettre en évidence qu'un djihadiste français se serait radicalisé à la mosquée. En effet, il semblerait que, dans aucune mosquée, ne soit tenu un discours ouvertement favorable au djihad. En revanche, selon certains observateurs, des religieux – salafistes quiétistes et représentants du mouvement tabligh – restent neutres, refusant de laisser entrer la politique dans les lieux de culte.

En réalité, il semblerait que les imams soient dépassés par un phénomène qu'ils découvrent en même temps que le reste de la population française. Si la radicalisation ne passe pas officiellement par les prêches prononcés par les imams dans les mosquées, cela ne signifie pas que le rôle de ces lieux de culte soit négligeable. Cela peut être l'endroit où se font des rencontres, où des religieux sans titre officiel peuvent essayer, à la sortie du prêche et de manière plus ou moins discrète, de porter un autre message. Selon divers témoignages, la mosquée peut également être le lieu où sont repérés les musulmans modérés, et sur lesquels des islamistes peuvent tenter d'imposer leur emprise.

Le rôle de la prison

Espace géographique clos, la prison suscite des débats sur le rôle qu'elle peut jouer en matière de radicalisation et de djihadisme. Deux opinions opposées s'affrontent : celle pour laquelle la prison serait la «pouponnière» du djihadisme et celle pour laquelle son rôle serait surévalué.

Le phénomène échapperait aux autorités carcérales qui ont en tête un modèle de radicalisation aujourd'hui obsolète et totalement en porte-à-faux par rapport à la réalité de la radicalisation. En effet, depuis quelques années, les détenus les plus radicalisés adoptent une attitude introvertie, ne se laissent pas pousser la barbe, ne montrent aucune agressivité à l'égard des surveillants, voire dissimulent leur religiosité à ces derniers lorsqu'ils se convertissent.

De telle sorte que les surveillants sont, dans plusieurs cas, totalement ignorants du phénomène. Cette nouvelle forme de radicalisation concerne souvent de très petits groupes, deux ou trois personnes au maximum, afin de ne pas appeler l'attention de l'administration pénitentiaire.

Seule une minorité des individus se trouvant aujourd'hui en Syrie ou en Irak aurait fait, au préalable, l'expérience de la détention. Et s'il est vrai que les djihadistes qui ont commis les attentats de Toulouse et de Paris avaient tous eu pas produite en prison.

Si la prison n'est pas réellement un lieu où se forment les futurs djihadistes, la situation pourrait évoluer avec l'incarcération en grand nombre de djihadistes revenant du Moyen-Orient. La réponse de nature carcérale apportée à ces jeunes qui reviennent en France présente cet inconvénient.

Ce qui frappe dans l'analyse du profil de tous ceux qui sont entraînés dans des opérations à caractère terroriste, c'est l'extraordinaire fongibilité entre le monde de la petite délinquance et le monde du terrorisme, soit que les petits délinquants basculent dans le terrorisme après s'être radicalisés en prison auprès de détenus radicalisés, soit qu'ils apportent un soutien logistique à des opérations sans nécessairement savoir ce à quoi ils participent.

Jusqu'à ce jour, la quasi-totalité de ceux qui ont commis des actes violents au nom du djihad étaient issus des banlieues et avaient été des délinquants : Khaled Kelkal en 1995 ; Mohammed Merah en 2012 ; Mehdi Nemmouche à Bruxelles en 2014 ; les frères Kouachi et Amedy Coulibaly en janvier 2015 ».

Bernard Bajolet

Le directeur de la DGSE après avoir été ambassadeur dans des pays sensibles comme la Jordanie, la Bosnie-Herzégovine, l'Irak et l'Afghanistan, ce sexagénaire à la fine barbiche, réputé pour son parcours hors norme et son style peu conventionnel, a inauguré la fonction de coordonnateur national du renseignement à l'Élysée sous Nicolas Sarkozy en 2008.

Il a quitté ce poste en 2011, estimant qu'il n'avait pas assez d'influence. Fin connaisseur des arcanes du pouvoir et des terrains de guerre, il a été nommé à la tête de la DGSE par François Hollande en avril 2013. Il y pilote près de cinq mille personnes, allant des as de la cyberguerre aux agents du SA, lesquels sont essentiellement des militaires formés aux opérations clandestines de tout type, y compris les assassinats ciblés.

Homme de confiance, Bernard Bajolet dispose d'un contact personnel avec le président de la République, n'hésitant pas à le joindre plusieurs fois par jour si nécessaire. Quitte, parfois, à court-circuiter le général Puga et l'actuel coordonnateur national du renseignement, l'ancien préfet de Corrèze Alain Zabulon.

Bernard Bajolet, auditionné à huis clos, en mai 2016, par la commission d'enquête parlementaire sur les attentats de 2015:

«La DGSE a plusieurs particularités. Tout d'abord, c'est un service intégré, qui regroupe des capacités de renseignement humain, technique et opérationnel. Le renseignement opérationnel est celui que nous n'obtenons pas par des sources, mais que nous allons chercher directement, à mains nues, en quelque sorte. Nous avons aussi une capacité d'entrave. L'entrave ne consiste pas nécessairement à éliminer tel ou tel individu, mais à empêcher une action.

Ces interventions ne sont pas seulement menées par la direction des opérations, mais elles peuvent aussi l'être par la direction du renseignement, par exemple en portant un cas devant la justice, en faisant arrêter des individus, en faisant arraisonner par la Marine nationale ou une marine étrangère un bateau qui transporte de la drogue ou des armes. Ces actions peuvent prendre des formes très différentes. Nous pouvons aussi apporter un soutien aux forces armées françaises ou à des services étrangers pour obtenir une action particulière.

Dans un service comme le mien, le renseignement humain est soutenu par le renseignement technique. Ainsi, plusieurs agents en rapprochement de la direction technique appuient les officiers de recherche ou les analystes dans chaque bureau de la direction du renseignement. À l'inverse, le renseignement humain soutient la recherche technique et les capacités opérationnelles.

Il est très important, pour obtenir du renseignement technique, d'accéder à certains réseaux à l'étranger : c'est grâce au renseignement humain ou opérationnel que nous sommes en mesure d'en dresser la cartographie. C'est pourquoi, dans certains pays, nous avons des capacités dont de très grands services, telle la National Security Agency (NSA), ne disposent pas.

En outre, nos moyens techniques sont mutualisés et mis à la disposition des autres services de renseignement français. Dans la pratique, cela se traduit par des postes déportés auprès d'autres services, en particulier la direction générale de la sécurité intérieure (DGSI) et la direction du renseignement militaire (DRM)

A propos de 13 Novembre

Je ne veux pas être trop spécifique. Nous connaissions plusieurs des auteurs des attentats de novembre. Nous suivions en particulier, depuis le mois de janvier 2015, le réseau Abaaoud, en liaison avec un projet d'attentat du « groupe de Verviers ». Nous avons aidé nos homologues belges à déjouer cet attentat. Comme vous le savez, Abaaoud a pu s'échapper. Si nous ne l'avons pas vu sortir de Syrie, nous avons appris, en coopération avec la DGSI, sa *présence sur le sol français après les attentats du 13 novembre. Nous pensons que ceci a peut-être contribué à empêcher une autre vague d'attentats, mais nous n'avons malheureusement pas pu prévenir ceux du 13 novembre.*

Le rôle de mon service est la détection en amont, à l'étranger, des attentats visant le sol français, et nous travaillons alors en collaboration avec la DGSI, qui est chef de file en ce qui concerne la menace visant le territoire français. Les personnes que nous suivons circulent entre l'Europe et les zones de jihad, syro-irakiennes, libyennes ou autres. Ce n'est donc du renseignement ni purement extérieur ni purement intérieur, ce qui amène à une étroite imbrication des deux services.

Nous connaissions parfaitement la dangerosité du personnage et savions qu'il nourrissait ce type de projets. Tous les moyens ont été mis en œuvre : moyens humains, techniques, et coopération avec les partenaires. Cette coopération ne nous a jamais fait défaut, y compris s'agissant des Belges. Les Belges ont les capacités qui sont les leurs, mais leur bonne volonté et leur professionnalisme ne sont pas en cause. Nous savions donc qu'Abaaoud était retourné en Syrie, mais nous ne l'avons pas vu ressortir. Nous avons retrouvé sa trace peu après l'attentat du 13 novembre. Il a ensuite été localisé et neutralisé.

La difficulté à laquelle nous nous heurtons est que ces terroristes sont rompus à la clandestinité et font une utilisation très prudente, très parcimonieuse, des moyens de communication : les téléphones ne sont utilisés qu'une seule fois, les communications sont cryptées et nous ne pouvons pas toujours les décoder. De plus, pour connaître leurs projets, il faut avoir des sources humaines directement en contact avec ces terroristes : or ces réseaux sont très cloisonnés, ils peuvent recevoir des instructions de caractère général, mais avoir ensuite une certaine autonomie dans la mise en œuvre de la mission qui leur est confiée. Cet ensemble de moyens fait que, en dépit de la mobilisation des moyens humains et des sources techniques des services, un certain nombre d'individus peuvent nous échapper.

Il est toujours facile de raconter certaines choses a posteriori. Les Belges n'étaient pas censés savoir qu'Abaaoud était en Grèce et n'avaient donc pas de raison de prévenir les Grecs. Je ne fais que formuler une hypothèse, je ne sais pas ce qu'il en est réellement, mais, au moment où l'on engage une opération comme celle que les Belges ont lancée à Verviers, le nombre des interlocuteurs qu'on prévient n'est pas infini, pour d'évidentes raisons de confidentialité. Il faut toujours prendre avec précaution ce qui se dit après coup.

Nous suivons un grand nombre d'individus : nous savons qu'ils sont dangereux et que certains ont des projets – mais cela ne veut pas dire que nous serons en mesure de les déjouer. Ces individus voyagent sous de fausses identités, suivent des itinéraires extrêmement compliqués et disposent d'une certaine autonomie dans leurs agissements. Dès lors, quand bien même on sait qu'un attentat va être commis, quand bien même on connaît le nom des terroristes, on ne peut pas toujours le prévenir si l'on en ignore le lieu et la date.

Cela explique certains échecs, car les attentats du 13 novembre représentent évidemment pour moi un échec. Je l'ai dit, le rôle de mon service est de détecter et d'entraver les menaces situées à l'étranger et visant soit le territoire national – nous travaillons alors en coopération avec la DGSI –, soit nos intérêts à l'extérieur. Mais, souvent, nous détectons sans être en mesure d'entraver. Des attentats comme ceux du 13 novembre marquent bien un échec du renseignement extérieur : ils ont été planifiés à l'extérieur de nos frontières et organisés en Belgique, c'est-à-dire dans l'aire de compétence de la DGSE. Ils représentent aussi sans doute un échec pour le renseignement intérieur, dans la mesure où ils se sont produits sur notre sol, même si le commando ne disposait pas de base en France – mais d'autres schémas peuvent être envisagés, qui mettraient en jeu des cellules dormantes sur le sol français.

Après un attentat, nous faisons un retour d'expérience. On pourrait parler de faille si, en remontant le fil des événements, nous découvrions que nous disposions d'un renseignement que nous n'avons pas correctement exploité, ou qui serait passé inaperçu parmi de très nombreux autres. Nous avons accompli ce travail de manière honnête et rigoureuse, et nous n'avons pas découvert a posteriori d'éléments permettant de penser que nous aurions pu éviter ces attentats.

Cela ne veut pas dire, cependant, que nous n'avons aucune leçon à tirer des événements. Je ne vais pas vous expliquer que nous aurions pu éviter ces attentats si nous avions eu plus de moyens : nous avons ceux que nous avons demandés, même s'il faudra plusieurs années pour les mettre en œuvre. Après de tels attentats, nous nous interrogeons pour savoir ce que nous pouvons faire pour améliorer notre capacité de renseignement technique et humain, de façon à réduire la probabilité que quelque chose nous échappe. C'est ce que nous faisons tous les jours, et nous avons tiré les conséquences des attentats de janvier et novembre 2015.

Même avec les moyens dont disposent les États-Unis, nous ne ferions pas forcément mieux. Ce n'est pas une question de moyens. Simplement, nous ne sommes pas infaillibles. Le but est de réduire la probabilité que nous laissions passer un incident.

Quand des attentats ont lieu à Bamako, à Ouagadougou ou au Grand-Bassam, c'est également un sujet de grande frustration pour mon service. Nous entretenons une coopération forte avec ces pays, nous y sommes fortement implantés, nous les soutenons et les aidons. Encore ne déplorerait-on aucune victime française, des attentats y font des victimes parmi nos alliés, les affaiblissent, peuvent les déstabiliser. Notre rôle est aussi d'éviter ces attentats.

Mais il faut mettre cela en rapport avec des réussites dont, par définition, vous n'avez pas connaissance, puisqu'il s'agit d'attentats que nous avons empêchés.

Depuis janvier 2013, mon service a contribué à la conception, à la planification et à la conduite de soixante-neuf opérations d'entrave de la menace terroriste : douze ont permis d'éviter des attentats contre des intérêts français à l'étranger, six des projets d'attentats susceptibles de frapper des intérêts occidentaux – puisqu'ils n'ont pas eu lieu et que nous ne savions pas s'ils nous visaient spécifiquement, on ne peut pas savoir s'il y aurait eu des victimes françaises – et cinquante et une opérations ont eu lieu afin de réduire la menace terroriste, c'est-à-dire faire arrêter des gens, déjouer des projets ou mettre des terroristes hors d'état de nuire. Ces opérations ont eu lieu dans les régions suivantes, par ordre décroissant : l'Afrique subsaharienne, la zone afghano-pakistanaise, la corne de l'Afrique, la Syrie, l'Europe, la Libye et l'Égypte.

Pour présenter ces mêmes chiffres sous un autre angle, notre rôle a consisté à transmettre des renseignements à nos partenaires pour leur permettre de déjouer les attentats dans vingt-neuf cas, et, dans quarante opérations, nous avons directement contribué à la mise en œuvre de celles-ci. Parfois les sources étaient uniquement des sources humaines, mais, le plus souvent, les informations étaient de source humaine et technique.

Pour nous, mettre hors d'état de nuire signifie neutraliser par des arrestations ou d'autres moyens. Nous intervenons en appui des forces armées françaises et de nos partenaires de la coalition. Nous fournissons des renseignements à la coalition, notamment ce que nous appelons des points d'intérêt. Nous avons fourni, aussi bien pour l'Irak que pour la Syrie, de très nombreux points d'intérêt, qui sont ensuite exploités et complétés par la direction du renseignement militaire.

Nous avons accru le rythme et l'intensité de nos opérations, notamment celles du service action. Il est utilisé au plein de ses capacités sur ces différents théâtres. Pour en revenir aux leçons tirées des attentats, nous ne sommes pas partis de zéro. Depuis plusieurs années, tout particulièrement depuis les années 2010, la coopération avec la DCRI devenue DGSI s'est renforcée. Mais nous sommes passés à un stade supplémentaire après les attentats du mois de janvier 2015, puisque nous avons une cellule insérée à la DGSI, à Levallois, dirigée par un cadre de très haut niveau de mon service. Cette cellule, qui comporte des agents de la direction du renseignement et de la direction technique, a accès aux bases de données de mon service et peut donc fournir en temps réel à ses collègues de la DGSI tous les éléments dont ils ont besoin.

La stratégie de mon service est le renforcement de la coopération et une totale transparence avec la DGSI. Notre coopération a atteint un niveau sans précédent, mais l'objectif que je partage avec Patrick Calvar est encore plus ambitieux, car, malgré cela, des différences culturelles, des différences de méthode et d'approche subsistent. Le rapprochement des cultures ne veut d'ailleurs pas dire leur fusion : chacune d'elles a son mérite, il n'est pas souhaitable de les faire disparaître. Mais cette relation n'est pas encore arrivée à un degré d'irréversibilité. Mon but est de l'ancrer dans la durée.

La collaboration entre la DGSE et la DGSI est confortée par la cellule Allat, qui comporte, outre ces deux services, les quatre autres du premier cercle, plus deux des services dits « du deuxième cercle », à savoir le service du renseignement territorial (SRT) et la direction du renseignement de la préfecture de police de Paris (PP). À l'instar de ce que nous avons fait avec la DGSI, chacun des services participants doit avoir accès à ses bases de données. C'est la valeur ajoutée. Ces deux cellules, qui sont installées dans des lieux contigus, contribuent à donner une fluidité sans précédent aux échanges d'informations entre les services. Le risque de faille du fait d'une information qui n'aurait pas été transmise d'un service à l'autre est considérablement réduit.

Ce renforcement de la coopération est perfectible, mais il constitue une révolution silencieuse en cours, qui a plus de valeur, à mes yeux, que ces changements d'organigramme qui ont parfois les faveurs des soi-disant experts qui se répandent dans la presse.

Deuxième conséquence des attentats du 13 novembre, nous avons franchi une étape supplémentaire, en particulier sur le plan technique, en décidant d'un partage beaucoup plus systématique des données. Jusqu'à une date récente, elles étaient quasiment la propriété de chacun des services, qui ne les échangeaient qu'avec parcimonie. Nous sommes passés à un autre stade en nous appuyant sur une disposition de la loi du 24 juillet 2015, codifiée à l'article L. 863-1 du code de la sécurité intérieure, qui permet des échanges de données entre les services. Ce partage est réciproque, étant entendu que chaque service intervient dans le cadre de ses missions. Et nous restons soucieux d'éviter toute fuite de ces données : plus on échange, plus ce risque existe. Il y a donc des protections particulières.

D'autre part, mon service a la responsabilité des grands programmes techniques mutualisés. Nous avons mis au point des instruments qui sont prêts aujourd'hui, et sur le point d'être utilisés par les différents services. Ils doivent permettre une gestion beaucoup plus fluide du suivi des terroristes, et une priorisation, car, étant donné le nombre de cas que nous devons suivre, il est très important de les hiérarchiser et de savoir qui fait quoi. Nous avons élaboré ces instruments pour les mettre à la disposition des autres services.

Nous avons procédé de même avec la direction du renseignement militaire. La DRM apporte des renseignements en vue de l'attrition des groupes terroristes. Un groupe de travail s'est créé sous l'égide de la DRM, en vue du ciblage en zone Syrie-Irak, et nous y participons avec les autres groupes de la communauté du renseignement.

C'est le cas pour la Syrie et l'Irak: la marginalisation des Sunnites depuis 2003 en Irak et depuis les années soixante en Syrie fait que Daech peut s'appuyer sur des populations sunnites qui ne se sentent pas reconnues par l'État. Ce n'est pas une excuse, mais c'est la raison pour laquelle la prise de villes comme Mossoul, Raqqah ou Syrte est difficile si l'on ne résout pas d'abord les problèmes politiques.

En Irak, le problème politique n'a pas vraiment été abordé. Certes, le Premier ministre Haïder al-Abadi essaie, sans succès à ce jour, de régler la question, mais il doit faire face à des pressions internes ou externes et n'arrive pas, pour le moment, à intégrer les Sunnites au pouvoir. Quelques-uns sont présents, mais ils ne sont pas suffisamment représentatifs. Tant que ce problème ne sera pas résolu, il sera très difficile de prendre une ville sunnite comme Mossoul, car il faudra y affronter la population si les troupes engagées ne sont pas en majorité sunnite.

De même, en Syrie, le problème n'est pas seulement celui de la personne de Bachar al-Assad, mais celui de savoir si le gouvernement sera ou pas représentatif des différentes composantes de la population. Tant que ces problèmes n'auront pas été résolus, le nombre de terroristes ne cessera d'augmenter. Plusieurs centaines de Français combattent actuellement en Syrie et en Irak, mais raisonner en termes de nationalité n'a pas beaucoup de sens : il faudrait plutôt compter les francophones, et ne pas oublier que les membres du commando qui a attaqué à Paris le 13 novembre n'étaient pas tous francophones. Même si le problème était résolu sur les plans politique et militaire, il resterait cette foule de djihadistes, auxquels il faut ajouter ceux qui sont revenus de Syrie et ceux qui cherchent à s'y rendre.

La Libye représente un défi bien différent : là, il n'y a pas d'opposition entre Sunnites et Chiites, mais des problématiques tribales, qui ne sont pas moins complexes. Là aussi, nous avons besoin d'un gouvernement d'union nationale représentant l'ensemble de la Libye et il reste encore beaucoup à faire pour que ce soit le cas.

Dans ce pays, il faut surtout éviter une intervention militaire occidentale qui serait la meilleure façon d'unir tous les Libyens contre nous. Ça ne veut pas dire qu'il ne faut rien faire, mais qu'il faut agir de façon extrêmement discrète contre le terrorisme. L'action politique requiert un temps long, tandis que l'action contre le terrorisme demande un temps plus court. Pour le moment, Daech n'est pas structuré, en Libye, de façon aussi solide qu'en Syrie et en Irak. Une intervention intempestive ne pourrait que transformer la Libye en une terre de jihad plus attrayante. Quoi qu'il en soit, nous avons évidemment le souci d'éviter un transfert des combattants étrangers de la zone syro-irakienne vers la Libye.

Nous n'avons pas de contacts avec les services syriens. Les derniers petits contacts que nous avons eus remontent à octobre 2013, dans des conditions un peu rocambolesques. À ce moment, les Syriens soumettaient la reprise des relations avec les services de sécurité à des conditions politiques. J'ai le sentiment que les Syriens n'ont jamais fait de la lutte contre le terrorisme une priorité.

D'autre part, il n'y a pas de GSM dans les zones contrôlées par Daech, et je ne suis pas convaincu que les services syriens y aient tellement de sources, bien que plusieurs personnes qu'ils ont relâchées de la prison de Sednaya soient des terroristes qui ont rejoint le Jabhat al-Nosra et Daech. Enfin, je constate que ceux de nos partenaires européens qui ont des contacts avec eux ne paraissent pas en tirer des renseignements bien extraordinaires.

Il ne faut jamais dire jamais, mais nous avons des doutes sur l'intérêt de tels contacts en termes de renseignement : il faudrait d'ailleurs connaître, au préalable, les contreparties politiques qui nous seraient demandées, car de tels contacts seraient forcément instrumentalisés par le régime.

Quant à la fermeture de l'ambassade, elle n'a pas eu d'impact en termes de renseignement. Renseignement humain et renseignement technique vont toujours de pair, et il faut s'assurer que le renseignement humain est toujours au niveau. Le renseignement technique est surabondant, mais ce serait une erreur de tout lui sacrifier. J'ai le souci de promouvoir le renseignement humain, au même titre que le renseignement technique.

Nous coopérons avec les Russes de façon tout à fait concrète. Il est vrai qu'Abaaoud était un coordonnateur, mais pas le commanditaire. Nous connaissons le commanditaire, mais je resterai discret sur ce point. Nous avons maintenant une bonne connaissance de l'organigramme et de la façon dont s'organise le soi-disant État islamique, qui n'est pas un État, et qui est encore moins islamique. Nous avons bien progressé sur ces sujets, nous avons donc une idée de l'identité du commanditaire.

Même si le substrat chiite-sunnite alimente la guerre, il n'en est pas la cause. Il y a deux organisations terroristes rivales. L'une, Daech, a actuellement le vent en poupe, mais il ne faut pas négliger le réseau Al-Qaïda, qui reste dangereux, comme on le voit au Yémen, qui est présent en Syrie et, fortement, au Sahel. Al-Qaïda dans la péninsule arabique (AQPA) a même des velléités territoriales, puisque le groupe contrôlait quasiment Al Moukalla, dont il a été chassé − sans combattre − par la coalition arabe, avant de s'installer ailleurs. D'autres franchises d'Al-Qaïda ont la volonté d'établir des bases territoriales, mais cela ne s'est pas concrétisé pour le moment.

L'objectif de ces groupes est la guerre globale, l'établissement de la charia sur l'ensemble du monde. Ils cherchent à créer des clivages dans nos sociétés, et donc à déstabiliser la démocratie, qui est leur véritable ennemi. La France est particulièrement visée, pour deux raisons. Tout d'abord, elle est au combat, là où d'autres ont baissé les bras : elle lutte contre le terrorisme en Syrie, en Irak et ailleurs, dans la bande saharo-sahélienne ; elle a empêché le basculement du Mali et sans doute d'autres pays. C'est pour cela que nous sommes dans le peloton de tête des ennemis de cette organisation. L'autre raison est l'influence de la composante francophone, qui agit depuis la Syrie. Ce qui est vrai pour Daech l'est également pour AQPA.

Si vous regardez qui combat en Europe et qui ne combat pas, vous noterez que la France a une position plus engagée que d'autres. Les Américains sont engagés, on ne peut pas le nier, même si la période particulière qu'ils connaissent sur le plan intérieur a une influence sur leur diplomatie et la conduite de certaines affaires.

Nous comptons 600 Français combattant en Syrie pour les djihadistes. Mais il faut élargir ce chiffre pour y intégrer tous les francophones, tenir compte de ceux qui sont déjà revenus et de ceux qui voudraient bien partir.

Daech est une organisation relativement structurée, mais les groupes gardent une certaine autonomie. Nous avons assez bien identifié des katibat, avec des regroupements qui peuvent se faire par nationalité ou par affinité.

Un noyau était actif dès les années 1990, avec le Groupe islamiquearmé (GIA) algérien, le Groupe islamique combattant marocain (GICM) ou le Groupe islamique combattant en Libye (GICL). Des gens qui avaient combattu en Afghanistan jouaient un rôle assez important dans ces groupes. La nouvelle génération, qui part faire le jihad pour des raisons variées, est encadrée par ces personnes plus aguerries qui ont toute une histoire dans le *jihad.*

S'agissant de l'impression d'hégémonisme de l'Iran, elle tient aussi au fait que, en 2003, le renversement de situation en Irak a considérablement accru l'influence iranienne, au moment où les grands leaders traditionnels du monde arabe s'affaiblissaient : la Syrie est dans l'état que vous connaissez, nous venons de parler de l'Irak, et l'Égypte a connu une situation qui l'a marginalisée à un moment. La situation est donc non seulement due à l'Iran, mais aussi à de grands pays arabes.

Quand bien même Daech aura été vaincu sur le plan militaire, les services de renseignement savent que la menace subsistera pendant plusieurs années. Le nombre des individus concernés est significatif. N'oublions pas que, pendant toute la guerre d'Afghanistan, il n'y a eu que quelques dizaines – peut-être quarante – djihadistes français. Nous en sommes à plusieurs centaines de Français, auxquels il faut ajouter les francophones, les Tunisiens, les Marocains, et ceux que nous ne connaissons pas.

La question de la résilience de la société française se pose. Cela me rappelle les «années de plomb» qu'ont connues des pays tels que l'Italie, dans des conditions certes complètement différentes. Il faut que la France s'arme, moralement d'abord, pour pouvoir mener cette lutte de très longue haleine.»

L'avenir

Les orientations du combat militaire contre l'EI s'inscrivent dans le cadre d'une réforme plus large de la DGSE. Son patron, le diplomate Bernard Bajolet, 67 ans en mai, que François Hollande a prolongé à son poste jusqu'en 2017 au-delà de la limite d'âge, espère mettre en œuvre un «plan stratégique» à l'horizon 2025.

La réforme comprend une forte augmentation des effectifs (850 recrutements d'ici à 2019 pour atteindre 7000 agents), des partenariats avec les Européens, un renforcement du renseignement humain pour suivre l'explosion du renseignement technique acquis par les services secrets ces dernières années.

Face à l'EI, tous les moyens sont employés, et la France est également présente dans le ciel libyen avec des outils conventionnels sur lesquels le ministère de la défense ne communique pas. Engagées depuis la mi-novembre 2015 par des avions de chasse et de reconnaissance, les opérations d'ISR (intelligence, surveillance, reconnaissance) continuent. Des sources militaires évoquent la nécessité de «préparer l'avenir» pour d'éventuelles actions plus larges, même si cet horizon reste peu clair.

Pour l'heure, il s'agit de garantir au président la politique du hit and run (« frappe et fuis»): disposer d'un renseignement complet à jour, afin de pouvoir frapper dès que se présente l'opportunité de «neutraliser» un cadre connu de l'EI ou de casser un projet d'attentat menaçant la France.

DGSI

Le diagnostic n'est pas établi par une poignée d'illuminés en mal de scénarios catastrophe mais par le patron de la Direction générale de la sécurité intérieure (DGSI), Patrick Calvar. «Nous sommes au bord d'une guerre civile», a-t-il déclaré récemment aux députés de la commission d'enquête parlementaire sur les attentats du 13 Novembre présidée par le député (LR) du Rhône Georges Fenech.

L'homme à la tête des services secrets ne faisait qu'enfoncer le clou. D'où viendrait l'étincelle qui mettrait le feu aux poudres, transformerait la France en territoire incontrôlé où des groupes prendraient les armes et se feraient justice eux-mêmes? Qui verrait une nation en décomposition où alterneraient violences et vengeances du camp d'en face. Rien n'est à exclure dans un pays aussi éruptif que la France d'aujourd'hui. Beaucoup pensent d'abord à un nouvel épisode de terrorisme islamiste où, cette fois, la population verserait dans l'autodéfense.

Mais l'élément déclencheur peut aussi surgir d'une manifestation débordée par les casseurs, tel le triste saccage de la façade de l'hôpital Necker, d'une razzia de hooligans, d'une expédition punitive dans les banlieues. Parmi toutes ces sources de dérapage, la plus redoutée reste l'attentat dirigé contre des enfants, la prise d'otages dans une école qui susciterait en retour un déferlement de violence.

Parmi les groupes extrémistes, le patron de la DGSI expliquait surveiller de très près «l'ultradroite». Cette mouvance aux multiples ramifications est très active sur les réseaux sociaux. «Ils ont la volonté de mettre le feu, c'est certain, mais passeront-ils à l'acte?», interroge l'avocat Nicolas Lerègle, spécialisé dans les domaines de la sécurité et de l'intelligence économique.

Plus généralement, tous les éléments sont réunis pour qu'un foyer éclate. Face aux menaces, la volonté de quadriller au mieux le terrain est toujours présente. Ainsi, au sein de la Défense, plusieurs voix plaident pour que les soldats de «Sentinelle» ne se contentent pas de patrouiller dans les rues mais exercent une mission de «contrôle de zone». En d'autres termes qu'ils fassent aussi du renseignement.

Avant l'Assemblée nationale, Patrick Calvar a déjà parlé en interne de la volonté d'action de ces groupes d'ultra-droite. Il craint qu'un nouvel attentat les réveille car il montrerait que les moyens de l'Etat ne suffisent plus. Avec la montée en puissance du risque islamiste, la DGSI avait orienté nos capteurs sur les djihadistes ces dernières années. L'ultra-droite, on s'en occupait moins.

Audition de Patrick Calvar (*Assemblée Nationale, Mai 2016*)

«*L'Europe est en grand danger: les extrémismes montent partout et nous sommes*, nous, services intérieurs, en train de déplacer des ressources pour nous intéresser à l'ultra-droite qui n'attend que la confrontation. *Vous rappeliez que je tenais toujours un langage direct ;* eh bien, cette confrontation, je pense qu'elle va avoir lieu. Encore un ou deux attentats et elle adviendra. *Il nous appartient donc d'anticiper et de bloquer tous ces groupes qui voudraient, à un moment ou à un autre, déclencher des affrontements intercommunautaires.*

La tentation des populismes, la fermeture des frontières, l'incapacité de l'Europe à donner une réponse commune, l'incapacité à adopter une législation applicable en tous lieux, nous posent d'énormes problèmes. Et je note, de plus en plus, une tendance au repli sur soi.

Avant d'en venir à l'état de la menace, je souhaite me faire le porte-parole des personnels que je dirige pour souligner qu'à chaque fois que se produit un attentat sur notre territoire, ils le vivent comme un échec alors que leur mission est d'empêcher qu'il ne soit commis. En revanche, certaines critiques non fondées leur font particulièrement mal – d'autant que l'engagement du service est particulièrement fort.

J'en viens à l'état de la menace. La France est aujourd'hui, clairement, le pays le plus menacé. Je vous rappelle qu'un des numéros de la revue francophone de Daech, Dar al Islam, titrait en une: «Qu'Allah maudisse la France». *De leur côté, Al-Qaïda au Maghreb islamique (AQMI), en tant qu'organisation héritière du Groupe islamique armé (GIA) des années 1990, considère toujours la France comme l'ennemi numéro un et Al-Qaïda dans la péninsule arabique (AQPA) nous stigmatise de la même façon.*

La menace est par conséquent, j'insiste, très forte ainsi que l'ont montré les attentats de janvier et de novembre 2015. Elle est très forte également hors du pays ainsi que nous avons pu le constater avec les attentats de Bamako, de Ouagadougou et, plus récemment, de Bassam, en Côte d'Ivoire.

J'évoquerai uniquement ici la menace intérieure même si, du fait de notre compétence judiciaire, nous sommes systématiquement saisis de toutes les actions terroristes commises à l'étranger dès lors qu'un ressortissant français en est victime. À ce titre nous sommes saisis des attentats perpétrés à Tunis, Bamako, Ouagadougou et Bassam.

Qui nous menace? D'abord les organisations, au premier rang desquelles Daech. L'autopsie des attaques du 13 novembre révèle qu'elles ont été planifiées en Syrie, menées par des individus qui combattaient dans ce pays, pour certains depuis de nombreuses années et donc totalement aguerris. D'autres y ont été entraînés. Elles ont été le fait d'un mélange de ressortissants français – soit partis de notre territoire, soit résidant à l'étranger, notamment en Belgique –, mais aussi belges et irakiens. Ils ont bénéficié d'une logistique particulièrement importante – passeurs, faussaires établis en particulier en Turquie –, et d'un accueil, d'un hébergement en Belgique, là où ils auraient pu se procurer les armes et les explosifs utilisés sur notre sol.

Je tiens à souligner le fait qu'il n'y avait aucune cellule logistique sur notre territoire, comme l'a notamment montré la fuite d'Abaaoud, qui n'a trouvé refuge qu'en appelant sa cousine à son secours – les travers de celle-ci la menant à sa perte.

Les routes utilisées ont été variées et nous en ignorons encore certaines – notamment pour ce qui concerne Abaaoud ou les ressortissants européens. En revanche nous savons que la filière des migrants a été utilisée et qu'au moins deux membres du commando sont ainsi entrés en Europe par l'île de Leros. Ils sont arrivés sur notre territoire la veille des attaques. Les véhicules ont été loués en Belgique et les appartements depuis la Belgique.

Le délai entre leur arrivée et les frappes a donc été très court. Quant à la volonté de mourir, elle était parfaitement exprimée, comme on a pu le constater, à l'exception de Salah Abdeslam qui a pu s'échapper et d'Abaaoud qui, lui, était vraisemblablement prévu pour accomplir d'autres actions.

Nous savons que Daech planifie de nouvelles attaques – en utilisant des combattants sur zone, en empruntant les mêmes routes qui facilitent l'accès à notre territoire – et que la France est clairement visée. Daech se trouve dans une situation qui l'amènera à essayer de frapper le plus rapidement possible et le plus fort possible: l'organisation rencontre des difficultés militaires sur le terrain et va donc vouloir faire diversion et se venger des frappes de la coalition.

Si les attentats de novembre dernier ont été perpétrés par des kamikazes et par des gens armés de kalachnikov ayant pour but de faire le maximum de victimes, nous risquons d'être confrontés à une nouvelle forme d'attaque: une campagne terroriste caractérisée par le dépôt d'engins explosifs dans des lieux où est rassemblée une foule importante, ce type d'action étant multiplié pour créer un climat de panique.

La problématique pour eux est double : il leur faut des artificiers de haut niveau et il faut qu'ils puissent constituer en France des cellules leur permettant de bénéficier de la logistique nécessaire – accueil, armes... Or l'un des problèmes pour nous est précisément leur capacité à se procurer des armes. Un des domaines où l'Europe continentale devrait considérablement progresser est la répression du trafic d'armes.

À la suite d'une fusillade survenue dans une école de Dunblane, en Écosse, les Britanniques ont adopté une législation des plus rigoureuses prévoyant des peines très sévères, dissuasives au point qu'il est pratiquement impossible, aujourd'hui, de se procurer des armes à feu au Royaume-Uni.

Daech dispose d'individus capables de passer à l'action. Les chiffres que je vais vous donner sont les nôtres et ne reflètent pas nécessairement la réalité – parce qu'il y a toujours un chiffre noir que nous ne connaissons pas.

Pas moins de 645 ressortissants français ou résidents en France sont présents dans la zone syro-irakienne. Parmi eux, nous comptons 245 femmes, qui ne participent pas aux combats, et 20 mineurs qui, au contraire, s'y livrent. Ils sont donc moins de 400 à participer à des opérations militaires.Par ailleurs, 201 individus sont en transit, soit à destination de la Syrie, soit de retour de Syrie pour la France. Nous recensons 173 Français présumés morts – chiffre sans doute inférieur à la réalité, mais il est très difficile d'obtenir des indications précises du fait des bombardements. Deux cent quarante-quatre personnes sont revenues de la zone syro-irakienne en France. Enfin, 818 personnes manifestent l'intention de se rendre sur place.

Nous n'en constatons pas moins une stagnation des départs : il est plus compliqué de se rendre dans la zone concernée et l'on compte beaucoup moins de volontaires car les bombardements ont un effet dissuasif. On assiste à l'inverse à davantage d'intentions de retour sur notre sol mais qui sont entravées par la politique de Daech qui, dès lors qu'ils souhaitent quitter la Syrie, considère les intéressés comme des traîtres à exécuter immédiatement.

Je souhaite maintenant vous faire part d'une réalité totalement inconnue ou en tout cas jamais soulignée: nous recensons quelque 400 enfants mineurs dans la zone considérée. Les deux tiers sont partis avec leurs parents, le tiers restant étant composé d'enfants nés sur place et qui ont donc moins de quatre ans. Je vous laisse imaginer les problèmes de légalité que posera leur retour avec leurs parents, s'ils reviennent, sans compter les réels problèmes de sécurité car ces enfants sont entraînés, instrumentalisés par Daech: une vidéo est sortie récemment, en français, qui les met en scène en tenue militaire.

Ces enfants sont ainsi conditionnés; il faut savoir également qu'ils s'entraînent aux armes à feu. Nous disposons de vidéos montrant des enfants qui exécutent des prisonniers; ainsi, sur l'une, on voit un Français de onze ou douze ans – sans manifester aucune émotion – tirer une balle dans la tête d'un individu que Daech suppose être un agent des services israéliens. Il va donc falloir, j'insiste, s'occuper de ces enfants quand ils reviendront.

Pour ce qui est de l'aspect judiciaire, pour la seule DGSI, nous recensons 261 dossiers concernant plus de 1000 individus. Nous avons procédé à plus de 350 interpellations. Au moment où je vous parle sept personnes sont gardées à vue. Chaque semaine nous interpellons des gens. Plus de 220 sont mises en examen, plus de 170 ont été écrouées et plus de 50 placées sous contrôle judiciaire. Enfin, depuis août 2013, mon service a bloqué 15 projets terroristes en France.

Nous ne prenons souvent en considération que les Français ou les personnes résidant en France. Or nous sommes désormais obligés de réfléchir dans le cadre plus large de la francophonie. En effet, de nombreux Nord-Africains se trouvent dans les zones considérées: beaucoup de Tunisiens, un peu moins de Marocains et d'Algériens. Ils ont la capacité de venir très facilement sur notre territoire et la plupart sont francophones – on l'a vu avec les Belges qui ont opéré en France.

Ils ont aujourd'hui un intérêt particulier à s'installer en Libye. Sachez qu'il y a quelques semaines, pour la première fois, nous avons interpellé trois individus qui partaient pour la Libye, ce qui signifie que des filières pourraient se mettre en place puisque pour cela il suffit qu'une personne s'y rende et fasse ensuite appel à ses amis. Actuellement, quelques Français se trouvent dans la zone libyenne. Un mouvement s'amorce, et il faudra compter avec ceux qui quitteront la Syrie pour la Libye plutôt que pour l'Europe.

Je me suis livré devant vous à l'autopsie des attaques du 13 novembre dernier pour vous montrer que, pour anticiper, nous devons absolument bénéficier de renseignements en amont. En outre, il convient de mentionner l'échelon européen: on a beaucoup parlé du système d'information Schengen (SIS), évoqué les frontières qui n'étaient pas contrôlées, les filières migratoires…

bref, on s'aperçoit que l'Europe marche sur un pied et que tout le monde ne fonctionne pas de la même façon, indépendamment des coopérations qui existent bel et bien – je m'inscris d'ailleurs en faux contre de nombreuses allégations : la coopération est en effet totale entre les services de sécurité et les services de renseignement et les informations circulent entre eux de façon très fluide malgré, j'insiste, des systèmes législatifs complètement différents.

Le SIS est un fichier de signalisation dans lequel la DGSI a inscrit quelque 9000 noms alors que certains de nos partenaires ne l'enrichissent pas faute de pouvoir le faire pour la plupart.

Je prendrai un exemple très révélateur. L'individu qui voulait s'en prendre aux passagers du Thalys, vivait à Algésiras. Nous recevons un jour, de nos amis espagnols, l'information selon laquelle l'intéressé, qui tient des propos particulièrement virulents sans toutefois présenter, à l'époque, de dangerosité avérée, va s'installer en France. Nous effectuons des recherches et ne retrouvons pas sa trace. Il devait théoriquement être employé par la société Lycamobile mais, ne possédant pas les documents qui lui auraient permis d'y occuper un poste, il n'y est resté que quelques semaines.

Nous créons une fiche S – je rappelle qu'une fiche S est un moyen d'enquête, ni plus ni moins qu'un indicateur parmi d'autres pour se faire une idée du potentiel et de la personnalité d'un individu que nous souhaitons surveiller; aussi quand on évoque les fiches S1, S2, S3, S4... on ne renvoie qu'à des conduites à adopter et non à des degrés de dangerosité. Un an plus tard, nos collègues allemands nous signalent que l'individu en question vient d'être contrôlé à l'aéroport de Berlin, sur le point d'embarquer pour Istanbul – fait qui donne une coloration différente à la personnalité de l'intéressé.

Nous informons les Espagnols qu'il se trouve en Allemagne et se rend en Turquie. Ils nous répondent qu'ils sont au courant mais que, depuis, il s'est installé en Belgique. Comme le font les Espagnols, nous informons donc les Belges. Nous perdons dès lors sa trace puisque nous n'avons plus aucune raison de nous en occuper: il ne se trouve pas sur le sol français. C'est depuis Bruxelles qu'il montera dans le Thalys et qu'il tentera de tuer le maximum de personnes au cours de l'action que vous savez. Une polémique s'ensuivra aux termes de laquelle on fera valoir que le service intérieur français connaissait l'intéressé et le surveillait.

Pour ce qui concerne les coopérations, je commencerai par l'échelon national qui recouvre tous les services de la communauté du renseignement. J'ai l'habitude de décrire le renseignement comme une chaîne où chaque maillon, en complémentarité et en coordination avec les autres, accomplit sa mission. Il n'y a donc pas, pour nous, de services nobles et de services qui ne le seraient pas, mais seulement des services spécialisés disposant de moyens que n'ont pas nécessairement les autres. Nous entretenons une relation très étroite avec la direction générale de la sécurité extérieure (DGSE), avec laquelle nous coopérons au quotidien. Nous avons atteint un niveau de coopération jamais égalé.

Sur le plan international la coopération est très forte. Nous nous reposons bien sûr sur les grands services et force est de constater que les plus gros pourvoyeurs de renseignement sont les services américains. Mais nous coopérons également avec les services russes. Quelque 7 à 8% des individus concernés par les filières syro-irakiennes étant des Tchétchènes, il est bien évident que nous travaillons avec le Service fédéral de sécurité de la Fédération de Russie (FSB) et que nous cherchons avec lui tous les moyens d'identifier les individus en question, de connaître les actions qu'ils ont l'intention de commettre, et les réseaux auxquels ils sont susceptibles d'appartenir.

Reste que nous nous heurtons à un problème bien connu et qui va grandissant: celui du chiffrement. Sans trahir le secret de l'instruction, à travers les investigations opérées à la suite des attentats de Bruxelles, nous nous sommes rendu compte que nous avions affaire à des structures très organisées, très hiérarchisées, militarisées, composées d'individus communiquant avec leur centre de commandement, demandant des instructions sur les actions à mener et, le cas échéant, des conseils techniques.

Cette communication est, je le répète, permanente et aucune interception n'a été réalisée; or même une interception n'aurait pas permis de mettre au jour les projets envisagés puisque les communications étaient chiffrées sans que personne soit capable de casser le chiffrement. Je rappellerai pour mémoire le conflit ayant opposé Apple et le Federal Bureau of Investigation (FBI); quand on connaît la puissance de ce dernier, on voit bien que nous sommes confrontés à un problème majeur qui dépasse largement le cadre des frontières nationales.

J'entends par ailleurs démythifier tout ce qu'on dit en permanence sur le renseignement technique et le renseignement humain, car cette distinction ne signifie rien. Voilà trente-neuf ans que j'exerce ce métier: il y a le renseignement et ensuite les méthodes par lesquelles on peut l'obtenir, l'essentiel étant de l'obtenir. On ne peut toutefois faire abstraction de l'évolution du secteur numérique. Nous sommes bien obligés d'en tenir compte d'autant qu'en face de nous les gens sont très professionnels.

Pour finir avec Daech, nous aurons à nous occuper des vétérans. Nul doute que nous gagnerons le conflit, du moins avec l'organisation telle qu'elle existe –mais le problème – parce que politique – ne sera pas réglé pour autant. *Pour assurer notre sécurité, nous devrons nous occuper des vétérans. Nous avons connu le phénomène des vétérans d'Afghanistan qui a donné le GIA en Algérie et les attentats de 1995 en France. Il ne faudra pas perdre de vue que parmi les futurs vétérans il y aura des terroristes très aguerris mais aussi des gens relevant d'ores et déjà de la psychiatrie et dont nous ne savons pas ce qu'ils vont devenir.*

La deuxième organisation qui nous menace est Al-Qaïda. AQMI se manifeste surtout au Sahel et ailleurs en Afrique mais, à l'exemple du GIA en 1995, n'exclut pas un jour d'exporter la violence. Là aussi, les facilités de communication et de voyage entre l'Afrique du Nord et la France poseront des problèmes. AQPA, de son côté, a revendiqué l'action des frères Kouachi même si le lien paraît tout de même très lointain puisque l'un d'eux s'était entraîné au Yémen en 2011.

Al-Qaïda a besoin de redorer son blason. Cette organisation a pratiquement disparu de la scène islamiste et voudra, à un moment ou à un autre, tenter une action d'envergure à même de lui redonner une importance telle qu'elle puisse recruter à nouveau. Reste que de nombreux Français se trouvent au sein du Jabhat al-Nosra (Front al-Nosra). Il est difficile de savoir combien ils sont exactement et à quelle organisation ils appartiennent mais il faudra là aussi que nous nous occupions d'eux à leur retour.

Certains groupes, au sein d'Al-Qaïda, sont préparés pour des actions extérieures, planifiées à long terme et qui se veulent d'une telle ampleur qu'elles ne peuvent pas se réaliser de façon très rapide.

Outre les organisations, nous avons une autre source d'inquiétude: des appels sont lancés depuis la Syrie par des gens à certains de leurs amis qui se trouvent sur notre territoire afin qu'ils y commettent des actions. Nombre des réseaux que nous avons démantelés appartiennent à cette catégorie-là. Nous sommes également confrontés à la présence d'islamistes, sur notre territoire, et qui ne sont liés à aucune organisation.

Je rappelle également que la revue en anglais d'AQPA, Inspire, enjoignait à ses partisans de ne pas se rendre sur place mais de frapper depuis l'endroit où ils se trouvaient en utilisant tous les moyens à leur disposition.

Les velléitaires constituent notre troisième source d'inquiétude, à savoir ceux qui auraient bien aimé partir pour la Syrie et qui, pour diverses raisons, n'ont pu le faire. Dans ce cas, nous sommes confrontés à la propagande massive de Daech et à la capacité de bloquer les messages sur internet. Je classerai dans cette catégorie des gens contre lesquels il est très difficile d'agir: tous ceux qui relèvent de la psychiatrie, des instables psychologiques. Pour finir, la question relative à la menace n'est pas de savoir «si», mais «quand» et «où».

Profond mal-être

I faut tâcher de comprendre à qui nous avons affaire. Nous constatons chez la plupart de ceux que nous arrêtons un profond mal-être; or la seule idéologie qui leur donne une raison d'exister en ce bas monde est l'extrémisme religieux. Je passe sur le désir d'aventure, de violence, de vivre dans un autre monde. Reste qu'ils détestent notre société: «Nous aimons la mort comme vous aimez la vie.» C'est très frappant.

Je l'ai dit en d'autres lieux: je ne m'explique pas comment une fille de quinze ans quitte la France pour se rendre en Syrie vivre dans des conditions abominables; je ne m'explique pas comment un gamin que rien n'y prédispose, va poignarder un enseignant juif au seul motif, je le répète, de détester cette société. Aussi, si l'on se limite à une réponse sécuritaire, on se trompe.

Or une opération terroriste ne coûte quasiment rien: louer une voiture, un appartement, acheter des armes, vivre au quotidien... Nous avions saisi la comptabilité de la campagne terroriste de 1995: elle a coûté au total 150000 francs – depuis l'assassinat de l'imam Sahraoui jusqu'au démantèlement du réseau. Beaucoup sont issus du milieu de la délinquance donc ils ont les contacts nécessaires et savent commettre des vols, au besoin, pour se financer.

Banlieues

Il y a trente ans ou plus, on a fermé les yeux sur les premiers incidents survenus dans les banlieues. Cela a abouti à ce que les zones concernées soient dirigées par de petits caïds – il s'agissait de délinquance et elle n'affectait pas le consensus social. Aujourd'hui nous nous trouvons dans une situation de «conscientisation» d'une partie d'entre eux. Comment expliquer qu'un voyou qui, toute sa vie, n'a eu pour idée que de voler son voisin pour pouvoir jouir de l'existence, va tout à coup basculer dans un extrémisme morbide puisqu'il va l'amener au sacrifice de sa vie.

C'est pourquoi j'estime que si l'on ne raisonne qu'en termes de sécurité, on va dans le mur. La sécurité est en effet une sorte de SAMU: or un SAMU a pour mission de vous conduire vivant à l'hôpital mais pas de vous soigner.

Pour être franc avec vous: je crains cent fois plus la radicalisation que le terrorisme. *Avec le terrorisme, nous prendrons des coups mais nous saurons* faire face – nous avons connu des événements très graves tout au long de l'histoire; mais cette radicalisation rampante qui va bouleverser les équilibres profonds de la société est à mes yeux beaucoup plus grave.

Les terroristes sont issus du milieu du banditisme. Cette porosité entre terrorisme et banditisme ne concerne pas la finalité, les objectifs, mais traduit le fait que des individus ont grandi ensemble dans les mêmes quartiers, ont parfois été incarcérés ensemble, et ont de ce fait développé une certaine forme de complicité.

Sans prévention nous n'y arriverons pas. Cependant, les individus en question sont largement inaccessibles au discours. Les gamins se «shootent» aux vidéos de Daech. J'aurais pu, pour cette audition, apporter et projeter une de ces vidéos, par exemple «Tends ta main pour l'allégeance». Leur capacité d'attraction est extraordinaire. Face à cela, nous disons à ces gamins d'aller à la mosquée, alors qu'ils ne comprennent pas tout ce qu'ils y entendent, ne connaissant souvent rien à l'islam et au Coran. Le décalage est très grand. Il faut trouver des gens qui soient crédibles auprès d'eux. C'est difficile avec les repentis car, pour eux, un repenti est un traître.

DGSI

Pour ce qui est de la DGSI, sa création a répondu à l'impérieuse nécessité de disposer en France d'un véritable service de sécurité intérieure, pendant naturel de la DGSE à l'extérieur, à l'image de ce qui existe chez nos principaux partenaires étrangers avec lesquels nous coopérons. De fait, il convenait que ce nouveau service puisse se voir assigner des missions très précises – pour éviter de nous heurter à certains écueils comme par le passé –, au service des intérêts fondamentaux de notre pays, avec des pouvoirs précisément décrits et contrôlés, le vote de la loi relative au renseignement en ayant constitué l'aboutissement.

Parmi les missions cardinales de la DGSI, la lutte contre le terrorisme occupe, bien sûr, une place prépondérante, mais on ne saurait méconnaître les autres formes de menaces qui visent la France et ses intérêts, comme l'espionnage – mal endémique, insensible, mais ô combien dévastateur dans un monde où les grandes puissances se livrent à une lutte acharnée pour préserver leur leadership sur les plans politique, économique, militaire, industriel.

Découlent de cette mission non seulement la protection de nos intérêts économiques dans un univers particulièrement concurrentiel, mais aussi la lutte contre les proliférations ou encore la cyberdéfense, les cyber-attaques représentant un nouveau péril qui ne cesse de prendre de l'ampleur; bref, *tout ce dont l'État a besoin pour protéger les intérêts fondamentaux de la nation.*

Pour ce qui concerne ses moyens, la DGSI compte aujourd'hui plus de 3000 agents, dont 73% de fonctionnaires actifs de la police nationale, 16% de fonctionnaires administratifs et 10% de contractuels.

Ces chiffres tiennent compte des recrutements déjà réalisés depuis la mise en œuvre des trois plans de recrutement décidés par le Gouvernement, sachant qu'à terme, en 2018, avec l'achèvement de ces plans, l'effectif total de la DGSI sera de plus de 4000 agents, à raison de 68% de fonctionnaires actifs de la police nationale, 14% de fonctionnaires administratifs et 17% de contractuels.

Autrement dit, la croissance en effectifs, sur une période de cinq ans, sera de près de 40%. Aussi, je vous laisse imaginer les difficultés auxquelles nous sommes confrontés en matière de recrutement, de formation, de professionnalisation et de fidélisation.

Cela suppose également une définition précise, dans le cadre d'un plan stratégique de montée en puissance, de nos besoins, une mise en place de parcours de carrière; en quelques mots, cela implique une gestion très fine de nos moyens humains, sans compter le défi majeur qui consiste à faire travailler ensemble des personnels venus d'horizons divers et pour certains à forte culture professionnelle.

Les defis

Le premier est technique: on ne peut désormais faire abstraction de l'avènement du numérique et de ses conséquences profondes sur nos modes d'enquête; nous avons donc recruté et continuons de recruter des ingénieurs et des techniciens; j'y reviendrai en évoquant la lutte contre le terrorisme.

Le défi analytique, ensuite: la complexité des problèmes et menaces traités nous impose de recourir à des personnels non issus de la police nationale mais spécialisés dans l'économie, la finance, voire dans d'autres domaines plus opérationnels, tels que des psychologues ou des linguistes.

Le dernier défi est juridique: la loi relative au renseignement, outil indispensable à notre action et qui la légitime, nous a amenés à former plus de 2500fonctionnaires à sa mise en œuvre.

Dernier point: nous avons une couverture nationale et sommes présents dans soixante-dix-neuf départements ainsi qu'en outre-mer. Nous disposons enfin de représentations à l'étranger où nos officiers ont pour seule mission d'assurer la coopération avec les services de renseignement et de sécurité locaux.

Plus de deux tiers de nos capacités sont consacrées à la lutte contre le terrorisme. À cet effet, sont mobilisés: la sous-direction parisienne spécialisée en la matière, l'ensemble des fonctionnaires de nos implantations territoriales, nos capacités de surveillance physique et technique, sans oublier notre sous-direction judiciaire et ses antennes provinciales.

FSPRT

C'est par un décret datant du 5 mars 2015 que le FSPRT a été créé. Comme le précise le document, il s'agit d'un "traitement automatisé de données à caractère personnel". Son objectif est alors d'y inscrire les radicalisés. "Ceux qui nous intéressent", précise le préfet Olivier de Mazières à l'hebdomadaire, sont ceux qui sont "potentiellement violents".

Le fichier contient plusieurs éléments dont l'identité de la personne repérée, sa localisation, sa situation judiciaire, voire psychiatrique, mais pas seulement. Le document signale également des éventuels liens avec d'autres radicalisés et les différents rendez-vous qu'ils ont pu avoir.

Ils sont environ 15.000 à faire partie du fichier des signalements pour la prévention et la radicalisation à caractère terroriste (FSPRT). Malgré ses similitudes avec la fiche S, il entretient malgré tout quelques différences.

Si 15.000 apparaissent dans le FSPRT, 20.000 environ font l'objet d'une fiche S. Mais ces derniers ne sont pas tous des personnes radicalisées, puisqu'il est également possible d'y trouver des hooligans ou encore des manifestants particulièrement actifs.

On y trouve aussi bien un homme signalé par son employeur parce qu'il ne veut plus serrer la main des femmes, une mineure récemment convertie à l'islam radical ou un homme en lien avec le groupe Etat islamique se disant prêt à passer à l'acte.

Figurent aussi ceux partis ou soupçonnés d'être en zone irako-syrienne. Une fois entrée dans le fichier, la personne peut être fichée pendant 5 ans. Toute l'échelle de la radicalisation y est représenté. On estime à environ 500 le nombre d'individus en cours d'évaluation et à 2.500 le nombre de signalés qui ne nécessitent qu'une simple veille.

Ce fichier est alimenté à part égale par les services antiterroristes, les états-majors de sécurité (EMS) dans les départements et par l'exploitation des appels au numéro vert de la plateforme de signalement, lancée en avril 2014. Un appel sur dix au numéro vert donne lieu à un signalement.

Le FSPRT est mis à jour au fur et à mesure des vérifications. Près de 1.200 noms ont été retirés et plusieurs centaines de fiches sont soit en veille soit clôturées.

Ce fichier, à diffusion restreinte, contient les données personnelles des individus repérés et leurs liens avec d'éventuels autres suspects.La majorité des cas concerne des hommes de 18 à 25 ans issus des quartiers périphériques des grandes villes. Près de 20% d'entre eux ont un casier judiciaire. Si la majorité a un niveau d'études générales assez faible, toutes les catégories socio-professionnelles sont représentées.

Les plus âgés avoisinent la quarantaine et le plus jeune a 11 ans. A la mi-septembre, 1.954 mineurs étaient inscrits au fichier (18% du total) dont une majorité de femmes.

Plusieurs centaines de fiches concernent des personnes qui exercent des professions sensibles ou ont accès à des publics sensibles, avait indiqué en mai devant la commission parlementaire sur les attentats Olivier de Mazières, chargé de l'Etat-major opérationnel de prévention du terrorisme (EMOPT). Plusieurs dizaines ont déjà fait l'objet de mesures d'entrave avec par exemple un retrait d'agrément, de carte professionnelle ou d'accès.

Si aucun département n'est épargné, la majorité des individus concernés sont concentrés dans quatre régions: l'Ile-de-France, Languedoc-Roussillon-Midi-Pyrénées, Auvergne-Rhône-Alpes et Provence-Alpes-Côte d'Azur.

Tous les "fichés S" (pour Sûreté de l'état) ne sont pas inscrits au FSPRT, et inversement. Et pour cause, ils ne sont pas tous liés à l'islamisme radical. La fiche S est un outil de police servant notamment à repérer un individu lorsqu'il tente de passer les frontières. Elle ne justifie pas à elle seule l'inscription au FSPRT. Il faut qu'il y ait d'autres facteurs aggravants, indiquant une radicalisation ou une volonté de passer à l'acte.

La fiche S est une balise et non un indice ou une preuve de culpabilité. Ainsi, transmettre les noms des fichés S de leurs communes aux maires, comme certains le demandent ne serait pas forcément pertinent et actuellement impossible en l'état de la loi.

"*Le FSPRT est le moyen pour nous de discuter en permanence avec nos collègues des autres services pour évaluer les cas dont nous n'aurions pas décelé la dangerosité*", avait expliqué le patron du renseignement intérieur Patrick Calvar, devant la commission d'enquête parlementaire sur les attentats.

Selon une source policière, 4.000 fichés au FSPRT, considérés comme les plus dangereux, sont suivis par la Direction générale de la Sécurité intérieure (DGSI) et plus de 5.000 par le Service central du renseignement territorial (SCRT).

Les personnes qui présentent les signaux les plus faibles relèvent des préfectures et font l'objet d'un traitement social ou para-social dans le cadre des cellules de prévention.

Les maires

Certains maires, de droite comme de gauche, en avaient fait la demande. Mais Bernard Cazeneuve exclut de leur transmettre les noms des fichés S (pour "sûreté de l'État") de leur commune, comme il l'expliquer dans un entretien au *JDD*.

Pour justifier cette décision, le ministre de l'Intérieur invoque la nécessité de la confidentialité pour les enquêtes, qui ont permis l'arrestation de 355 personnes en lien avec des réseaux terroristes. Il met également en avant des raisons juridiques qui empêchent la communication d'une fiche S, expliquant que les fichés S "*sont surveillés et non judiciarisés, ce qui indique que leur dangerosité n'est pas avérée*".

Chapitre 2

Rothschild

Emmanuel Macron devient banquier d'affaires en septembre 2008, dix jours seulement avant la chute de Lehman Brothers. Le jeune homme n'a alors que 30 ans et va gagner en quelques années seulement, malgré les soubresauts de la crise financière, son surnom de «Mozart de la Finance».

Macron fait partie de ces énarques satinés qui décrochent très vite de jolies fonctions dans le privé, plutôt que de poursuivre dans l'administration ou les cabinets ministériels. Après sa sortie de l'Ena (Ecole nationale d'administration), il a passé plusieurs années à «l'Inspection générale des Finances» tout en s'attirant les bonnes grâces de l'économiste Jacques Attali, qui le recommandera à François Henrot, le bras droit de David de Rothschild.

Macron intègre donc «Rothschild» qui est, avec sa concurrente «Lazard», l'archétype de la banque d'affaires. On y rentre stagiaire avant de gravir les échelons, frayant à travers les PowerPoint, les tableaux Excel et les nuits qui n'en finissent plus dans des bureaux feutrés. «Analyst», «manager», « assistant director», puis «director», «managing director» et «partner».

Le jeune énarque saute allègrement quelques étapes du *cursus honorum*. En deux ans, Macron est catapulté associé-gérant de la banque familiale – la crème de la crème. A en croire ceux qui ont travaillé avec lui, cette ascension fulgurante était amplement justifiée par ses qualités. François Henrot ne tarit plus d'éloges sur son ancienne recrue :

«Avec ce mélange, rarissime, surtout à un si jeune âge, de rapidité intellectuelle, de puissance de travail, de sûreté dans le jugement et de charme, il aurait été, s'il était resté dans le métier, un des meilleurs en France, sans doute même en Europe.»

Le charme fonctionne si bien que les quelques aigreurs provoquées par son arrivée soudaine sont vites oubliées. Macron progresse rapidement, n'hésite pas à questionner ses collègues sur certains outils financiers. Le jeune homme va conseiller de grandes entreprises dans leurs opérations de fusions-acquisitions. Il lui faut maîtriser des connaissances – juridiques, comptables, financières et fiscales – qu'il n'a pas forcément.

Dans la banque, la «fusacq» est considérée comme la voie royale des affaires. C'est de la haute voltige, qui demande de la réactivité, des réseaux et une grande tolérance à la caféine. Ce secteur cristallise tout l'imaginaire du business et de l'ambition. On y travaille tard pour des clients exigeants, sous la pression de montants importants. Il n'est pas rare qu'une opération fasse la une des journaux. Sur un gros coup, un jeune loup peut très vite sortir de l'anonymat.

Dans son passionnant livre-enquête «*Rothschild, une banque au pouvoir*», Martine Orange cite Macron qui reconnaît lui-même que les analystes sont parfois aveuglés par leurs habitudes : «*Le métier de banquier d'affaires n'est pas très intellectuel. Le mimétisme du milieu sert de guide.*»

Pour ceux qui tiennent le coup, le quotidien est peuplé de dossiers et de stabilos. Un associé doit tout savoir sur les entreprises et les secteurs qu'il laboure. Il lui faut lire les revues spécialisées (Agefi, Merger market, etc.), préparer les réunions et s'assurer que les présentations sont étincelantes de clarté. L'essentiel étant d'entretenir la confiance avec ses clients.

Tout cela, les rescapés de la «fusacq» vous le racontent avec profusion d'anglicismes. En « M&A » (« mergers and acquisitions »), il y a les « beauty contest» (mini-appels d'offres passés par une entreprise à l'attention de diverses banques) et le démarchage de «mandats» (des opérations demandées par les clients). Mais chacun retrouve son plus beau français lorsqu'il s'agit de vanter la culture d'entreprise de Rothschild, réputée peu tapageuse et familiale.

Selon François Henrot, la structure collégiale imposerait de fait une certaine retenue : «*Dans une commandite simple comme la nôtre, une faute d'un associé peut engager la responsabilité solidaire et illimitée de tous d'où l'importance du choix d'un nouvel associé. Pour Macron, la décision a été unanime, immédiate, évidente.*»

Dans cet environnement, Macron, le jeune qui plaît aux vieux, rencontre sa première heure de gloire. Il décroche ses premiers «mandats» – le critère de réussite dans les affaires.

Après de multiples rencontres avec Peter Brabeck, le patron de Nestlé croisé à la commission Attali, le banquier parvient à piloter le rachat des laits infantiles de Pfizer. La baston avec Danone est dantesque. La transaction est évaluée à neuf milliards d'euros. Grâce à son coup, Macron va se mettre «à l'abri du besoin jusqu'à la fin de ses jours» en 2012.

Le futur ministre de l'Economie s'est également occupé de Presstalis, de Sofiprotéol et de la reprise de Siemens IT par Atos, dirigée par l'ancien ministre de l'Economie Thierry Breton. Il est à chaque fois «conseiller acquéreur». Vers la fin de sa courte carrière de banquier, il s'intéresse particulièrement à l'agroalimentaire. Chez Rothschild, les associés-gérants n'ont pas de secteurs explicitement dédiés, mais chacun entretient ses clients et ses marottes.

Une partie de son temps est dédiée à «l'influence». Ainsi, il conseille « bénévolement» la société des rédacteurs du Monde (SRM), lorsque le trio Bergé, Niel et Pigasse s'apprête à reprendre le quotidien (dont les propriétaires sont aujourd'hui les mêmes que Rue89). La SRM demande à repousser la date de dépôt des offres.

Matthieu Pigasse, de la banque Lazard, est persuadé que David de Rothschild – proche de Nicolas Sarkozy et d'Alain Minc – essaie de lui faire des crocs-en-jambe. Macron dément, mais il reste soupçonné de favoriser Prisa, un groupe espagnol, qu'il conseillera un an plus tard lors d'une restructuration financière.

Chez Rothschild, consigne a été donnée de ne pas bavarder. Au lendemain de la nomination d'Emmanuel Macron au ministère de l'Economie, les collaborateurs de la banque sont assaillis par les médias et s'en tiennent à l'image du jeune génie de la finance, du mec sympa.

En effet, le charme est essentiel. Dans son livre, la journaliste Martine Orange raconte la fureur d'Edouard de Rothschild, à la fin des années 80, quand il découvre dans la presse un mariage entre deux entreprises. Comment se fait-il que la banque ne soit pas au courant? Les affaires doivent voir converger «tous les bruits, les projets, les rumeurs». Des années plus tard, rien n'a changé.

Propre sur soi, à l'image de Macron, la banque Rothschild est aussi – bien qu'elle s'en défende – très liée au milieu politique, tout comme sa concurrente Lazard. Tissées par des études communes et des amitiés forgées dans les cercles du pouvoir, ces liaisons fructueuses en font parfois « des ministères bis de l'Industrie et de l'Economie.» Le nom de Rothschild a d'ailleurs longtemps charrié des images d'empire financier, ce qui poussera les socialistes à nationaliser la banque en 1982. La nomination de Macron au gouvernement n'en est que plus ironique.

Lorsqu'il arrive chez Rothschild, Emmanuel Macron est déjà bien introduit. Il fréquente Jean-Pierre Jouyet, secrétaire général de l'Elysée qui a annoncé avec un sourire sa nomination au ministère, ou encore Jacques Attali (grâce à la commission du même nom). Mais François Henrot tient à préciser qu'il n'a pas recruté un «carnet d'adresses». Si Emmanuel Macron connaît aujourd'hui les principaux patrons français, il a dû s'appuyer à l'époque sur la réputation de la banque pour s'ouvrir des portes.

Avant Emmanuel Macron, c'est François Pérol qui incarnera ces accointances politiques en devenant secrétaire général adjoint de l'Elysée, après avoir travaillé chez Rothschild. L'entregent de Rothschild est démultiplié au point que le Nouvel observateur titrera «La banque du Président».

A chaque changement de gouvernement, Rothschild réussit donc à placer quelques collaborateurs dans les petits papiers du pouvoir. On appelle cela « se mettre au service». Macron est un ancien, mais il perpétue la tradition. Et il a laissé de tellement bons souvenirs que les banquiers ne sont pas près de l'oublier.

Bankable

Pour y parvenir, l'atout majeur du Macron est qu'il est très «bankable», comme l'écrit le magazine *Society*. «Bankable» auprès des médias qui le mettent à la une tandis que l'agence Havas Worldwide s'occupe de faire de lui le «people» politique incontournable.

«Bankable» auprès du Medef, l'instance faîtière du patronat dont le numéro deux Geoffroy Roux de Bézieux, lui voue une réelle sympathie, malgré la colère des patrons sur l'insuffisante réforme du droit du travail. Et «bankable» enfin auprès de ceux qui pourront financer son action, ou faire le lobbying adéquat pour s'assurer qu'il reste aux avants-postes, même en cas d'alternance après la présidentielle de 2017.

Les gourous de l'influence politico-économique que sont en France Jacques Attali (sous les ordres duquel il travailla), Alain Minc (dont il sollicite les conseils), Louis Gallois (auteur du rapport sur la compétitivité française remis en 2012) ou Jean-Pierre Jouyet (actuel secrétaire général de l'Elysée) lui sont acquis.

Les réseaux d'Emmanuel Macron ne sont en outre pas que parisiens, conformément à sa conviction que les réformes françaises doivent s'inspirer de l'étranger. Depuis son arrivée à Bercy, en août 2014, l'homme a sur-investi dans le monde anglo-saxon, tout en gardant le lien avec l'establishment industriel allemand via son homologue Sigmar Gabriel.

Les shows «technologiques» de Las Vegas et Los Angeles, et surtout Londres, où il etait pour y vanter de nouveau la «French Tech». Il s'y trouvait déjà, pour inviter les banquiers de la City à regarder de ce côté-ci du channel. De quoi le diaboliser encore plus à gauche: «*Il est le premier VRP de l'Hexagone, assène son biographe Marc Endeweld dans L'Ambigu Monsieur Macron (Ed. Flammarion). Tous les grands patrons étrangers invités à l'Elysée parlent de lui comme le dépositaire de la marque France.»*

Les influents caciques Claude Bébéar (Axa), Marc Ladreit de Lacharrière ou Henry Hermand bétonnent donc, dans le gotha hexagonal, son discours sur la nécessité de retrouver *«un capitalisme français d'entrepreneurs et non de managers»*. Alors que le banquier Serge Weinberg, l'influente consultante Sophie de Menthon, l'ancien ministre et patron d'Athos Thierry Breton ou le PDG d'Orange Stéphane Richard compensent ses inimitiés avec le PDG de Renault Carlos Ghosn ou avec Martin Bouygues.

Les bus Macron

«Les bus Macron», comme les «Dimanches Macron» sont désormais en France deux expressions usuelles, issues du même texte qui a aussi permis d'étendre l'ouverture commerciale dominicale: *«Un ministre qui peut, en moins de deux ans, associer son nom à une action concrète qui change la vie des gens, c'est un capital unique. Rien que pour cela, le nom de son mouvement «En Marche» est bien choisi»*, reconnaît Jean-Christophe Lagarde, le leader du parti de centre droit UDI.

Emmanuel Macron, lui, ne prend pas le bus et fait, depuis deux ans, de la politique en mode TGV et numérique. Coté industrie, un objectif: amener en France les usines 4.0 de demain, sur lesquelles mise l'Allemagne. Coté numérique, une ambition: faire de la «French Tech» et de ses porte-drapeaux comme Blablacar une marque mondialisée.

La «Macron-semaine» typique ressemble, elle, plus à celle d'un réformateur-négociateur-pédagogue-médiatique, qu'à celle d'un redresseur de plans sociaux. Passé par la banque d'affaires chez Rotschild, enrichi très tôt pour avoir bien négocié la revente d'une filiale de Pfizer au suisse Nestlé, le bientôt quadragénaire amateur de philosophie aime plus les flux que les stocks. Sans illusion sur les aléas sociaux de la disruption numérique. Quitte à parler trop vite, comme il le fit à ses débuts ministériels en traitant «d'illettrées» des ouvrières bretonnes auxquelles il présenta par la suite ses excuses.

Le «social-libéral» Manuel Valls espérait incarner la relève.Sans expérience du secteur privé et de ses soutes technologico-financières. La «Macron Touch» est à l'opposé. Prompt à rappeler qu'il n'a jamais été encarté au PS, tout en réaffirmant sa fibre «sociale». En transgression lorsqu'il dit, comme la frondeuse Christiane Taubira, son malaise sur la déchéance de nationalité.

Témoin, en 2007 du mariage d'Emmanuel Macron avec Brigitte Trogneux, son ex-prof de français au lycée, de vingt ans son aînée, ce très proche de l'ancien premier ministre Michel Rocard est dans les coulisses de l'opération «En Marche». A la croisée des réseaux sociaux-démocrates et de la nébuleuse patronale française où son protégé a, outre ses relais du côté des «tycoons» numériques, d'influents alliés tels Claude Bébéar, l'ex-patron d'Axa, Thierry Breton, le patron d'Atos qui fut ministre des Finances, ou Clara Gaymard, l'ex-patronne de General Electric France dont l'époux dirigeait le cabinet du ex-candidat Alain Juppé.

Réseaux

Lorsqu'il était secrétaire général adjoint à l'Elysée, Macron a ainsi su se faire apprécier de certains poids lourds du gouvernement sans être du sérail politique. Il a notamment tapé dans l'œil de Manuel Valls, qui avait déjà proposé au président de le nommer au Budget lors du remaniement d'avril. Les deux hommes ne se connaissaient pas avant 2012. Mais leurs lignes économiques sont proches et ils partageaient le même agacement à l'égard du fonctionnement de Matignon sous Jean-Marc Ayrault.

Macron s'entend aussi très bien avec Bernard Cazeneuve, passé du Budget à l'Intérieur, et avec Laurent Fabius, le patron du Quai d'Orsay, qu'il a connu en 2009 lors d'un voyage au Chili, au Forum du progressisme, pour le compte de la Fondation Jean-Jaurès. En revanche, ses rapports avec le ministre des Finances Michel Sapin, autre fidèle de François Hollande, ne sont pas exempts de rivalités.

Mais c'est surtout au sein des cabinets ministériels et de l'administration que le réseau Macron est le plus étendu. Jeune inspecteur des finances, il multipliait déjà les petits déjeuners informels, nouait des contacts avec les cabinets de droite et les directeurs de Bercy. A l'IGF, il se lie d'amitié avec Pierre Heilbronn, un autre protégé de Jouyet, qui est aujourd'hui directeur adjoint du cabinet de Michel Sapin aux Finances. Plus récemment, durant la campagne de 2012, Macron s'est aussi rapproché de l'économiste de l'Insee Sandrine Duchêne, qui l'a ensuite suivi à l'Elysée avant de devenir directrice adjointe du Trésor.

Aux contacts noués à Bercy, il faut ajouter les petits camarades de la fameuse promo Sédar Senghor de l'ENA, au sein de laquelle Macron était assez populaire. Avant le remaniement, on en comptait pas moins de treize dans les cabinets ministériels, dont cinq directeurs de cabinet. Le ministre est surtout proche des "académiciens", ce petit groupe de potes qui avaient l'habitude de s'encanailler à L'Académie de la bière, un bar de Strasbourg.

Gaspard Gantzer est le plus connu d'entre eux depuis qu'il est devenu le conseiller communication de Hollande à l'Elysée. Trois autres travaillent auprès d'Anne Hidalgo, dont Mathias Vicherat, son directeur de cabinet. Une connexion précieuse, la mairie de Paris étant devenue le principal vivier de recrutement des cabinets socialistes. Il y a enfin Aymeric Ducrocq, en charge de l'industrie à l'Agence des participations de l'Etat dont Macron a désormais la tutelle. Les deux amis ont notamment travaillé ensemble sur le dossier Alstom.

A quelques rares exceptions près - Gérard Collomb, le maire PS de Lyon -, les soutiens politiques d'Emmanuel Macron restent inconnus du grand public. En marche revendique une quarantaine de parlementaires (*notamment les députés Richard Ferrand et Arnaud Leroy*), tous à gauche, et une centaine d'élus locaux.

L'ancien locataire de Bercy, qui souhaite aller au-delà des clivages gauche-droite, n'a pas encore recruté massivement de l'autre côté de l'échiquier politique. Renaud Dutreil, ancien ministre de Jacques Chirac devenu chef d'entreprise, lui a apporté son soutien, dans une tribune à «L'Opinion».

A peine avait-il démissionné qu'Emmanuel Macron recevait aussi des signaux positifs des centristes. *« il est au centre gauche, nous au centre droit, nous avons vocation à nous parler. Il y a plus de points communs dans le discours qu'il tient depuis deux ans avec nous qu'avec Aubry, Montebourg ou Hamon»*, a déclaré le leader de l'UDI, Jean-Christophe Lagarde, dans « Le Parisien ». Les radicaux de gauche voient également sa démarche d'un oeil bienveillant.

En raison de sa démission, Emmanuel Macron a dû annuler sa participation à l'université du Medef mercredi, mais son absence sera excusée. Le fondateur d'En marche bénéficie d'un très fort soutien des patrons, que son discours libéral sur l'économie séduit. Entre son bref séjour à la banque Rothschild, ses deux années à l'Elysée, où il avait en charge les dossiers économiques, et ses deux années à Bercy, il a su se tisser un solide réseau.

Le premier cercle, ceux qu'il voit régulièrement, comprend le fondateur de Meetic, Marc Simoncini, Gaël Duval (JeChange.fr), Axelle Tessandier, qui a créé une start-up aux Etats-Unis et a lancé le meeting d'En marche le 12 juillet dernier, Ludovic Le Moan (Sigfox) et Frédéric Mazzella (BlaBlaCar).

Mais de Claude Bébéar à Xavier Niel, en passant par Saïd Hammouche, ils sont très nombreux à regarder d'un oeil favorable sa démarche et ses projets.

Au risque pour lui de passer, aux yeux de l'opinion publique, pour un homme acquis à leur cause.

La garde rapprochée

Henry Hermand (*aujourd'hui décédé*) est devenu un ami intime. Après avoir par le passé soutenu Pierre Mendès-France et Michel Rocard, cet homme qui a fait fortune dans les supermarchés, a mis le pied à l'étrier d'Emmanuel Macron, qu'il a rencontré en 2002. Persuadé que si Emmanuel Macron veut devenir Président, c'est en 2017 ou jamais.

Il a dévoilé le projet de constitution imminente d'une association de soutien avec appel de personnalités et site Internet. L'idée : créer un mouvement d'opinion et mettre le ministre de trente-huit ans sur orbite pour *«la présidentielle»* de 2017! Les locaux d'HH Développement, situés dans le cossu 8ᵉ arrondissement de Paris, devaient accueillir cette start-up politique.

Henry Hermand fait partie des nombreux parrains du ministre de l'Economie. Mais lui est crédité d'une double originalité au sein de ce club sélect: il fut sans doute le premier et il était, jusqu'à présent, le plus discret.

Emmanuel Macron n'a pas vingt-cinq ans lorsqu'ils font connaissance en 2002 lors d'un céjeuner donné par le préfet de l'Oise: l'énarque est en stage à la préfecture, et Henry Hermand, natif du département, y a créé la plus grande zone commerciale de Picardie à Saint-Maximin. Pourtant, ce n'est pas l'économie qui les rapproche, mais la philosophie.

Celle de Paul Ricoeur, que les deux hommes ont connu à des époques différentes, et leur intérêt commun pour la revue "Esprit". Plus tard, l'entrepreneur présentera Michel Rocard à son protégé et sera son témoin de mariage. *«Il trouvait que mon passé était intéressant et je trouvais sa culture exceptionnelle"*, raconte Henry Hermand. La capacité d'Emmanuel Macron à susciter une affection quasi-filiale chez de puissants aînés est connue. Celle d'Henry Hermand à s'impliquer politiquement au côté de son activité entrepreneuriale est une constante de sa longue vie.

Chez cet homme qui a fait fortune dans l'immobilier commercial, l'engagement a même précédé les affaires. Il prend racine dans la Seconde Guerre mondiale. Dans sa petite ville de Clermont (Oise), il assiste à l'exécution en pleine rue d'un voisin résistant par la Gestapo. *«S'il faisait comme nous, s'il s'occupait de ses affaires, ça ne lui serait pas arrivé. "* Cette réflexion d'un autre voisin sert de déclic. L'indignation devient rébellion et l'étudiant en prépa scientifique à Janson-de-Sailly rejoint en 1944, contre l'avis de son père, un réseau de résistance.

Le temps de chercher des terrains d'atterrissage pour les alliés dans l'Oise, de voir plusieurs de ses camarades arrêtés et de passer plusieurs mois à se cacher. A la Libération, il n'aspire qu'à une chose : quitter Clermont, «un pays étroit voué à la grisaille d'une vie sans éclat», se libérer du conservatisme et de l'attentisme qui a baigné son enfance. Ce sera, pour quelques années, le Commissariat à l'énergie atomique dirigé par Frédéric Joliot-Curie et, surtout, le bouillonnement intellectuel du Paris d'alors.

La France est à reconstruire, donc à réinventer. Son éducation catholique, sa découverte du personnalisme d'Emmanuel Mounier et un premier voyage en Pologne le tiennent à distance du communisme. Trop attaché à sa liberté et à celle des autres. Il anime des cercles de réflexion, manifeste, et signe des articles dans «La Quinzaine» ou «L'Observateur", dirigé par son grand ami Gilles Martinet, résistant, homme de plume et d'idées et futur fondateur du PSU.

Aux côtés de celui qui apparaît comme un mentor, le fondateur d'En marche s'appuie sur une équipe restreinte de fidèles pour son mouvement. Le premier est Julien Denormandie, ancien directeur adjoint de cabinet d'Emmanuel Macron à Bercy. Il règne sur l'organisation du mouvement. Deux autres transfuges du cabinet de Macron à Bercy ont rejoint En marche : Ismaël Emelien, son ancien conseiller communication, et Stéphane Séjourné, son ancien conseiller parlementaire.

La garde rapprochée comprend aussi Pacôme Rupin, adjoint PS au maire du 4e arrondissement de Paris, et Ludovic Chaker, qui avait tenté sa chance (comme candidat indépendant) aux législatives de 2012. Tous sont jeunes - moins de quarante ans - et «prêts à tout pour lui», assure un proche.

Les parlementaires

Même si Emmanuel Macron n'a pas fait «l'école du parti», comme on dit au PS, les parlementaires socialistes ne sont pas tous des inconnus pour lui. Ainsi a-t-il fait la connaissance, durant la primaire socialiste, du député de l'Ardèche Pascal Terrasse. Après l'élection, ce dernier propose de lui faire rencontrer «des parlementaires». Un petit groupe de «réformistes» est mis sur pied par l'élu de l'Ardèche, lui-même très pro-entreprises.

Un premier dîner est organisé à l'Elysée autour de Macron. Jean-Marie Le Guen (à l'époque député de Paris), Jean Besson (sénateur de la Drôme), Jean-Pierre Caffet (sénateur de Paris), Christophe Caresche (député de Paris), Gérard Collomb (maire de Lyon), Marc Goua (député du Maine-et-Loire) et Gilles Savary (député de Gironde) sont reçus à plusieurs reprises par le secrétaire général adjoint de l'Elysée. Pour des dîners menés à bâtons rompus, où il est uniquement question de politique économique. «*C'est là qu'a germé l'idée du pacte de responsabilité*», affirme Pascal Terrasse. Ce dernier se réjouit évidemment de la nomination du conseiller à Bercy. «*C'est un challenge pour lui, estime-t-il: à ce poste, il n'est rien sans Michel Sapin et Christian Eckert. C'est un triptyque qui doit fonctionner*»

Les experts et intellectuels

Pour nourrir sa réflexion, préparer son projet, Emmanuel Macron soigne ses réseaux et s'entoure de nombreux experts. Il y a d'abord Laurent Bigorgne, directeur de l'Institut Montaigne, appelé à jouer un rôle central dans la construction et la coordination du programme. D'autres personnalités sont proches comme Thierry Pech, qui a précisé ne pas travailler pour En Marche mais reconnaît une «*proximité intellectuelle*» avec Emmanuel Macron, ou encore l'économiste Philippe Aghion.

Du côté de la Fondation Jean-Jaurès, proche du PS, son directeur général, Gilles Finchelstein, est également séduit par l'ancien locataire de Bercy. Et puis, il y a tous ceux dont les noms n'apparaissent pas. Ils fournissent Emmanuel Macron en notes, le rencontrent, mais restent dans l'anonymat. L'autres ont pris un peu le large, comme Jean Peyrelevade, ancien président du Crédit Lyonnais.

Agence LMP

C'est d'ailleurs l'une des raisons pour lesquelles Emmanuel Macron a créé le mouvement En Marche afin de fédérer toutes les bonnes volontés. Cinq mois après son lancement, il comptait environ 60.000 adhérents. Ce qui est beaucoup pour un si jeune mouvement. Cette réussite ne vient pas de nulle part, elle est l'œuvre de l'agence LMP spécialisée en stratégie électorale. Les trois cerveaux qui l'ont créé, Guillaume Liégey, Arthur Miller et Vincent Pons, ont fait une partie de leur étude à Harvard. Le second a participé à la campagne victorieuse de Barack Obama en 2008. Et en 2012, ils ont œuvré tous les trois au succès de François Hollande.

Ces trois trentenaires ont à présent mis leurs compétences au service d'Emmanuel Macron, qui a bien compris le bénéfice qu'il en pouvait tirer. Le grand porte à porte organisé dans toute la France au printemps et l'établissement d'un diagnostic du pays à partir d'un questionnaire; c'est eux.

BFM TV

Après avoir racheté SFR en 2014, Patrick Drahi a racheté NextRadio, propriétaire de BFM TV, en 2015. L'ensemble, appelé Altice Media, est fusionné par Mourad avec SFR en 2016. Il comporte d'autres titres bien connus comme *l'Express* qui, lui non plus, ne ménage ni son temps ni sa peine pour donner une bonne image de Macron.

Un patron de presse qui soutient massivement un candidat à la présidentielle jusqu'à lui faire occuper la une de tous ses titres en disant du bien de lui. L'histoire du rachat de SFR par Drahi mérite qu'on s'y arrête de près. Lorsque Drahi présente sa candidature au rachat, il entre en concurrence avec Bouygues. Montebourg est alors ministre de l'Economie et s'oppose à la candidature de Drahi.

«Numericable a une holding au Luxembourg, son entreprise est cotée à la Bourse d'Amsterdam, sa participation personnelle est à Guernesey dans un paradis fiscal de Sa Majesté la reine d'Angleterre, et lui-même est résident suisse! Il va falloir que M. Drahi rapatrie l'ensemble de ses possessions, biens, à Paris, en France. Nous avons des questions fiscales à lui poser! » disait à l'époque Montebourg.

Et puis Montebourg, à la rentrée 2014, est viré du gouvernement. Et puis Macron lui succède. Et puis BFM TV nous apprend un jour que Macron vient d'autoriser discrètement le rachat de SFR par Drahi. Le 28 octobre, le ministre de l'Économie a discrètement donné son feu vert à l'opération. Ce feu vert était nécessaire suite au décret sur les investissements étrangers, signé le 14 mai dernier par Arnaud Montebourg justement. Ce décret soumet à l'approbation de Bercy tout rachat dans les télécoms.

Ces petites histoires, évidemment, tout le monde les connaît, et elles ne devraient pas tarder à jouer un vilain tour à Macron. Celui-ci va très vite devenir un puissant gêneur. Dans le cas des soutiens très voyants accordés à Macron par les titres de Drahi, il ne s'agit plus seulement de maladresse. Il s'agit d'une véritable provocation, que ses adversaires ne tarderont pas à torpiller. Macron a beaucoup fricoté avec les milieux d'affaires. Jouer, aujourd'hui, aux parangons de la rupture va constituer un exercice véritablement difficile à mener.

Pour muscler son staff, l'ex-ministre de l'Économie a fait appel à Bernard Mourad, qui a accompagné Patrick Drahi dans la constitution de son empire télécoms. Cet ancien banquier de Morgan Stanley "*interviendra comme conseiller et ne percevra aucune rémunération de la part du mouvement*". Il "*ne figurera pas dans l'organigramme*" mais "*apportera au mouvement sa connaissance des milieux d'affaires, et sera notamment actif dans la levée de fonds*", précise l'entourage d'Emmanuel Macron.

Les amateurs d'entrefilets à signaux faibles ont évidemment noté cette information passée inaperçue début octobre: Patrick Drahi, homme d'affaires sulfureux, surendetté et très influent pèse de tout son poids dans la campagne du jeune Macron. Il lui a même délégué l'un de ses meilleurs colonels : Bernard Mourad.

Bernard Mourad, le patron d'Altice Media Group va abandonner ses fonctions dans les prochains jours pour rejoindre l'équipe de campagne d'Emmanuel Macron comme conseiller spécial. Ce proche de Patrick Drahi a choisi de démissionner pour éviter tout conflit d'intérêt dans ses nouvelles missions auprès de l'ex ministre de l'Economie, un ami de plus de 15 ans.

Son arrivée structure le mouvement «En Marche!», lancé en avril dernier par Emmanuel Macron, pour le transformer en véritable parti politique. Bernard Mourad sera plus spécifiquement en charge des questions et relations avec les sphères économiques. Cet ancien banquier d'affaires devrait également apporter une aide précieuse, grâce à ses réseaux, dans la recherche de financements pour la campagne présidentielle.

Auparavant directeur général de Morgan Stanley à Paris, Bernard Mourad s'est fait connaître pour avoir épaulé Patrick Drahi sur ses deals dans les télécoms, notamment le rachat de SFR, en 2014. Durant sa carrière de banquier d'affaires, il s'était également construit une solide réputation dans le secteur des médias en conseillant l'américain Hearst dans le rachat des magazine internationaux de Lagardère. Il avait aussi conseillé Mondadori dans l'acquisition d'Emap France et accompagné des fonds d'investissement pour la reprise d'une partie de Vivendi Publishi

Jacques Attali

Une semaine après la «Une» de l'Express (*du Patrick Drahi*) avec une carte de l'Hexagone en chantier sous le titre choc «vingt défis pour la France», Emmanuel Macron est sorti du bois. Après la lecture du «dossier» Attali commenté par Christophe Barbier dans l'Express, Macron est sorti du bois pour confirmer en creux que le programme d'Attali est écrit pour lui.

Macron (à *Amiens*) a parlé devant 350 personnes en tenant les journalistes à l'écart de cette rencontre qui se voulait «citoyenne». Sauf que BFMTV avait le son et l'image en continu. La chaîne d'info avait même eu le temps de préparer un sondage sur mesure nous indiquant que pour la prochaine élection présidentielle Emmanuel Macron était le candidat de «gauche» le plus désiré des électeurs français. Il était le préféré de 48% de nos compatriotes, devant Nicolas Hulot à 44%, Manuel Valls à 42%, le pauvre

François Hollande n'ayant que 20% d'opinions favorables.

Cela ne devrait pas être difficile au regard du projet de société que le « commando Attali», dixit Christophe Barbier, avait mitonné dans l'Express de la semaine dernière en «20 défis pour reconstruire la France». En complément d'un entretien avec le même Attali, Les Echos du 6 avril 2016 rappellent la mesure de classe la plus caractéristique de ce programme que nous avions mises en exergue lundi dernier : «*L'augmentation de 2 points de la TVA sur cinq ans, compensée par une baisse des impôts sur le revenu et sur les cotisations sociales*». Comme des millions de ménages modestes ne gagnent pas assez pour payer l'impôt sur le revenu, en payant 2% de plus de TVA sur l'achat de leur nourriture quotidienne, sur leurs achats de biens d'équipements, sur l'énergie et quantité d'autres factures, ils financeront par ce surcroît d'impôt indirect les baisses d'impôts directs consentis aux plus riches et même «la réduction d'un quart de l'impôt sur les sociétés» également proposé par Attali.

Mais dans l'Express, Christophe Barbier prévenait ses lecteurs : «*Jacques Attali et ses conjurés esquissent un portrait-robot de cet introuvable huitième président de la Vème république : «Le prochain président devra, plus qu'aucun autre, penser au long terme, sans se préoccuper de sa popularité , et encore moins d'une éventuelle réélection. Il ne doit pas chercher à plaire : les français méprisent les dirigeants faibles et respectent les hommes d'Etat*», disait donc le commando conduit par l'ancien toutou de François Mitterrand en quête permanente de visibilité médiatique .

Le rédacteur final du rapport Attali remis à Sarkozy en 2008 était Emmanuel Macron. Le premier homme politique à faire la couverture de la nouvelle formule de l'Express en 2016 était Emmanuel Macron. Tout permet de penser que Attali travaille déjà pour lui au cas où.

Cela étant, la manière dont fonctionnent aujourd'hui des publications comme l'Express, racheté récemment par Patrick Drahi, a quelque chose d'inquiétant. Imanche, Jacques Attali n'a pas voté à la primaire de gauche: "*Je reste dans ma ligne démocratique simple: je vote pour un programme et non pour une personne*", a-t-il expliqué à Léa Salamé qui l'a interviewé pour GQ.

À Léa Salamé qui lui demande si Emmanuel Macron est une bulle, Attali répond, tout en sous-entendus: "*C'est quelqu'un qui pourrait choisir d'être une bulle s'il pensait - et ça, je n'ai pas encore la réponse - cyniquement que pour être élu, il vaut mieux ne pas avoir de programme, ne pas avoir d'idées, surfer sur les choses, être le meilleur candidat de la gauche mais aussi le* meilleur candidat de la droite." Soufflant le chaud et le froid, il pense que Macron "a tous les talents pour être un homme d'Etat." Les deux hommes, de toute façon, auront l'occasion d'en reparler puisque Jacques Attali confie aussi à GQ "être extrêmement proche (de Macron), on se parle tout le temp

Mr Drahi

Pour la seule année 2014, Patrick Drahi aura racheté l'opérateur de télécommunication SFR à Vivendi, acquis 42 % du quotidien soixante-huitard et lancé «une chaîne multilingue internationale avec un regard israélien».

Né au Maroc, Patrick Drahi apparaît un jour à Paris pour les affaires, le lendemain à Tel-Aviv, où il possède un appartement dans la tour Rothschild, et le surlendemain en Suisse, pays dont il est résident fiscal.

Patrick Drahi a bâti un véritable empire sur un système d'endettement colossal. Avec un actif net évalué à 9,6 milliards de dollars, il est passé en un an de la 215e à la 132e pace du classement des fortunes mondiales établi par le magazine *Forbes*. Soit la 12e fortune de France. Un classement où il refuse d'apparaître, ayant assuré avoir rendu son passeport français avant de se raviser.

En mai 2013, Patrick Drahi faisait savoir, par une sommation juridique de son avocat Alexandre Marque du cabinet Franklin, qu'il ne souhaitait pas figurer dans le classement *Challenges* des 500 premières fortunes françaises. «*M. Drahi a pris la nationalité israélienne et renoncé à la nationalité française. La perte de la nationalité lui est définitivement acquise. Il ne s'agit pas d'une double nationalité franco-israélienne.*» (Challenges 14 mars 2014. Mais du fait de la polémique née au moment du rachat de SFR, Patrick Drahi assure depuis être toujours français et agir, évidemment, au nom des intérêts français.

Sepharade

C'est au Maroc que tout a commencé le 20 août 1963. Issu d'une famille de la communauté juive de Casablanca, ce petit-fils de tailleur a grandi dans une famille d'enseignants, ses parents étant professeurs de mathématiques. En 1978, les Drahi quittent le Maroc et s'installent à Montpellier. Élève brillant, Patrick intègre l'École polytechnique (promotion 1983), pourtant à contrecœur:« *pas question de faire l'armée*», selon *Challenges* (17 mars 2014).

Dans sa promotion, il se liera plus particulièrement avec Éric Denoyer, aujourd'hui PDG de SFR-Numéricable, Olivier Huart, PDG de Télé Diffusion de France (TDF), qui a longtemps œuvré au groupe Cegetel-SFR, ou encore Jacques Veyrat, ancien président de Neuf Cegetel (racheté par SFR en 2008), ancien président du Groupe Louis-Dreyfus et membre du Siècle.

Drahi achèvera ses brillantes études à SupTélécom avant de débuter chez Philips, à Eindhoven (Pays-Bas). Après s'être fait la main au sein du groupe néerlandais d'électroménager, il fonde en 1993 un cabinet de conseil aux entreprises pour le multimédia et les télécoms, CMA, et va rapidement tout miser sur la technologie du câble.

Câbler la France

Ainsi crée-t-il un câblo-opérateur à Cavaillon (Vaucluse), Sud Câble Services, et réussit à convaincre la société américaine Rifkin d'y investir avant que le câblo-opérateur ne soit finalement racheté par InterComm (où il sera plus tard consultant, de 1998 à 1999): «*J'ai commencé à Cavaillon, dit-il. J'ai enchaîné les réunions municipales devant les habitants – parfois devant seulement trois mamies. J'ai convaincu le maire en lui expliquant que, grâce au câble, on pourrait inventer une sorte de Bourse du melon. [...] Je vendais mon abonnement 79 francs pour 40 chaînes. Mais, surtout, j'avais câblé les HLM et j'ai été le premier à mettre les chaînes arabes sur le câble en France. Jusque-là, il n'y avait que des chaînes comme CNN, la RAI Uno ou ZDF !* » (Le Point, 9 janvier 2014)

En 1995, il crée son second câblo-opérateur, Media réseaux, et raccorde Marne-la-Vallée au câble avec l'aide des investissements de l'américain UPC, entreprise dont il prend, au printemps 1999, la direction des activités pour l'Europe occidentale et méridionale. C'est à cette époque que Patrick Drahi rachète pour 330 millions d'euros une série de câblo-opérateurs français qui fonctionnaient très mal (en général liés à des marchés locaux de HLM) : RCF, Time Warner Cable, Rhône Vision Câble, Videopole et InterComm France.

En 2000, trop heureux de se sortir de ce guêpier, l'État lui cède des fréquences et Drahi fonde, avec NRJ et Wendel, un nouvel opérateur, Fortel, dont il prend la présidence du directoire. Quand la bulle Internet explose, UPC, qui a racheté les parts de Drahi en 1999, met la clé sous la porte, mais le « *roi des synergies* » (*Le Canard enchaîné*, 26 mars 2014) se retrouve, lui, à la tête d'une petite fortune, ayant vendu ses parts à temps. Après quelques nouvelles et juteuses affaires dans l'immobilier, Drahi crée son propre fonds d'investissement, Altice.

Altice, un fonds de droit luxembourgeois

Ayant commencé par racheter la compagnie alsacienne Est Vidéocommunication (2002), il s'emparera, en moins de quatre ans, de 99 % du câble français. Ainsi, via Altice, il rachète entre autres Numericable, Noos, France Télécom Câble, TDF Câble, UPC France, etc., ce pour deux milliards d'euros au total grâce au soutien du fonds d'investissement britannique Cinven et du bastion du complexe militaro-industriel américain – plus qu'étroitement lié à la CIA – Carlyle. Tout se fait rapidement et au détriment du client, comme lors de la fusion Noos-Numéricable de 2006, un désastre retentissant.

Patrick Drahi signe avec différentes collectivités locales et entreprises la délégation de service public de la boucle régionale de très haut débit, comme en Alsace (2004). Plus tard, il acquiert les câblo-opérateurs des DOM-TOM. En 2007, il acquiert Completel, qui loue le réseau en fibre optique aux entreprises, un investissement qui s'avérera stratégique pour la suite.

On remarquera que la construction du réseau câblé français, véritable désastre financier, a été en totalité financée par des fonds publics (en clair, vos impôts). Mais, en raison de son coût peu avantageux par rapport au satellite ou à l'ADSL, le câble (pourtant un prodige technique) n'a longtemps fonctionné que grâce aux clients captifs que sont les locataires d'HLM. On peut donc considérer que c'est avec une certaine complicité des collectivités territoriales qui équipent les logements sociaux qu'Al-tice va s'enrichir.

Or, comme l'expliquait *Libération* du 14 mars 2014:«*Son fonds Altice est de droit luxembourgeois, mais coté à Amsterdam. Il y a logé tous ses actifs de télécoms : ses 40 % dans Numericable, le belge Coditel et le portugais Cabovisao, l'israélien Hot, Outremer Telecom ou encore la filiale d'Orange en République dominicaine qu'il vient d'avaler pour 1,1 milliard d'euros. Et son holding personnel, Next LP, abrité dans le fonds Altice qu'il détient à 75 %, est immatriculé à Guernesey.*»

Altice, qui s'est enrichi grâce aux collectivités locales via les HLM, ne paie donc pratiquement pas d'impôts en France. Patrick Drahi a investi également dans le câble et les télécoms à l'international : au Portugal, au Benelux, en Afrique de l'Est et en Israël. Ne parlant pas hébreu, il a commencé à s'intéresser à Israël vraisemblablement quand il a racheté les parts du premier câblo-opé-rateur du pays, Hot, à la banque Leumi, en mai 2009. Il en prend le contrôle petit à petit jusqu'à retirer la société, en 2012, de la bourse de Tel Aviv.

Entre temps, il a racheté l'opérateur téléphonique Mirs à Motorola pour 170 millions de dollars. Il compte regrouper ses activités israéliennes dans un grand groupe de télécoms: Mirs sera rebaptisé Hot Mobile en mai 2012. Ironie de l'histoire, en 2011, il se retrouve en concurrence sur ce marché avec Michaël Boukobza, qui détient 50 % de Golan Télécom. Michaël Boukobza, ancien DG d'Iliad-Free, est une vieille connaissance (qui a vendu une partie de ses actions en 2007 pour 27 millions d'euros) puisque Drahi l'avait démarché lors du rachat de Hot.

La Famille

Le Point (9 janvier 2014) indique qu'il a épousé une Syrienne orthodoxe, lorsque cette dernière était étudiante en médecine. Le couple s'est installé dans un pavillon à Thiais (Val-de-Marne) et a quatre enfants (dont des jumeaux), deux filles et deux garçons qui, élevés dans la plus pure tradition cosmopolite, font leurs études à Lausanne, Bristol et Tel-Aviv.

Dispersée aux quatre coins du monde, la famille Drahi se réunit une fois par semaine, pour le dîner du shabbat. Résident fiscal en Suisse depuis 1999, Patrick Drahi est domicilié officiellement à Zermatt, puisque les forfaits fiscaux y sont de 5 à 20 % inférieurs à ceux du canton de Genève, où son épouse possède pourtant sa maison. Comme le résumait *Le Canard enchaîné* (26 mars 2014), dans des allusions finalement assez lourdes: «*Aucune résidence secondaire dans un fief familial. Pas d'attaches bretonnes ou girondines, la terre natale à la semelle des souliers. Drahi, c'est le Maroc, Israël, la Suisse. Pas très catholique tout ça, petit.* »

SFR

En novembre 2013, Numericable fait son entrée à la bourse de Paris avant que la maison mère ne fasse de même le mois suivante, à la bourse d'Amsterdam. C'est l'une des introductions les plus importantes de ces dernières années, avec une levée de fonds de 700 millions d'euros. En parallèle, alors qu'Altice ne détenait jusque-là que 20,6 % des parts de Numericable, Patrick Drahi lance le rachat du câblo-opérateur et obtient 40 % des parts en janvier 2014.

Dans la foulée, Altice se porte repreneur lorsque Vivendi annonce la mise en vente de SFR. Le gouvernement français annonce sa préférence pour l'autre candidat à la reprise, Bouygues. Quelques heures avant la publication de la décision de Vivendi, le ministre du Redressement productif, Arnaud Montebourg, prévient Patrick Drahi sur sa situation fiscale et déclare au micro d'Europe 1 :

«*Numericable a une holding au Luxembourg, son entreprise est cotée à la Bourse d'Amsterdam, sa participation personnelle est à Guernesey dans un paradis fiscal de Sa Majesté la reine d'Angleterre, et lui-même est résident suisse ! Il va falloir que M. Drahi rapatrie l'ensemble de ses possessions, biens, à Paris, en France. Nous avons des questions fiscales à lui poser!*»

Et Najat Vallaud-Belkacem d'exprimer, avec une fausse naïveté certaine, sa crainte de voir SFR «*devenir une entreprise suisse*».

Le 14 mars, Vivendi annonce être rentré en négociations exclusives avec Numericable. Ce jour-là, l'action de Numericable gagne 15,49%, pendant que Bouygues dévisse de 6,78 %.

Cette acquisition se fera, une fois de plus, grâce à un endettement massif, Numericable étant huit fois plus petit que SFR. Si la grenouille a avalé le bœuf, c'est que l'affaire a été rondement menée. Il faut dire que dans cette affaire, Drahi avait les faveurs de deux des «juges de paix» du CAC 40, le milliardaire Vincent Bolloré et le président du conseil de surveillance de Vivendi, Jean-René Fourtou.

Afin de limiter les critiques, Drahi s'est habilement entouré de Raymond Soubie, ex-conseiller social à l'Élysée, pour répondre de l'impact social (en liaison avec Fleur Pellerin) de son projet mais surtout d'Havas Worldwide pour préparer la communication, avec notamment l'inévitable Stéphane Fouks et Arthur Dreyfus (en liaison avec Bercy et Matignon).

Finalement Numericable rafle la mise le 5 avril 2014 et SFR a été officiellement avalé lors de l'assemblée générale de Numericable, pour 13,36 milliards d'euros (soit une détention de 60 % du capital), dont une grosse partie financée sous forme de dette. À la tête du nouveau Numericable-SFR, dont il dirige le conseil d'administration, Patrick Drahi a placé son fidèle bras droit, connu à l'X, Éric Denoyer. Sur les neuf membres du conseil d'administration six viennent de Numericable. On remarquera qu'un des seuls rescapés de SFR, le DRH François Rubichon, est entré au Siècle en 2014.

Désormais, avec 28,2 millions de clients fixe et mobile, Patrick Drahi fait jeu égal avec Orange, avec pour ambition (ce qui arrivera certainement rapidement) d'être le leader du très haut débit fibre et mobile. Insatiable, le jour de l'officialisation du rachat de SFR, Patrick Drahi voyait l'Autorité de la concurrence valider le rachat de Virgin Mobile, alors qu'à peine une semaine auparavant, il finalisait le rachat de Portugal Telecom (7,4 milliards d'euros au brésilien Oi). Altice accumule à ce jour 25 milliards d'euros de dette (soit 4 à 4,5 fois son Ebitda, c'est-à-dire son résultat brut). «*Les marchés y croient et Drahi les enivre*», résument *Les Échos* (5 décembre 2014), et l'ogre Altice lorgne déjà sur Bouygues Telecom.

La presse française

Au plus fort des tractations pour le rachat de SFR, un fait est passé totalement inaperçu: le 12 mars dernier, celui qui allait devenir quelques jours plus tard le nouveau propriétaire de SFR organisait la soirée d'inauguration d'i24News, «*une chaîne multilingue internationale avec un regard israélien*».

À cette soirée, on comptait parmi les invités Michel Drucker, Daniela Lumbroso, Alexandre Arcady, Francis Huster, Ruth Elkrief ou encore Julien Dray (*qui défendra Patrick Drahi face à Arnaud Montebourg sur Radio Communauté Juive le 16 mars*). Discret en France, l'homme s'est rendu célèbre en Israël, où il a été reçu plusieurs fois par Shimon Peres. Outre le financement de l'école de musique classique «Keshet Eilon», Patrick Drahi y possède un appartement dans la tour Rothschild à Tel Aviv, la ville où il se sent chez lui.

En Terre promise, Drahi a racheté Guysen TV pour en faire un outil de diplomatie publique « *ni de gauche, ni de droite, mais pour Israël* » (*Jerusalem Post*, 25 décembre 2012), dixit Frank Melloul, le directeur de la chaîne et organisateur de la soirée.

Né le 2 juillet 1973 à Fribourg (Suisse), Frank Melloul a notamment été chargé de communication du ministre aux Affaires européennes Noëlle Lenoir, porte-parole adjoint aux affaires stratégiques, terrorisme, Proche-Orient en pleine crise ira-kienne (2003-2004) au Quai d'Orsay, puis le conseiller « presse et communication » de Dominique de Villepin au ministère de l'Intérieur et à Matignon. En 2007, Melloul a été bombardé directeur de la stratégie et du développement international de France 24 avant d'occuper la fonction de directeur de la stratégie, du développement et des affaires publiques de l'Audiovisuel extérieur de la France (AEF).

Il restera à l'AEF jusqu'en 2012, avec un passage comme directeur de cabinet du secrétaire d'État chargé des Affaires européennes, Pierre Lellouche. Précédemment, ce spé-cialiste du « soft power » avait été le conseiller de Lellouche, lorsque ce dernier était le représentant spécial de la France pour l'Afghanistan et le Pakistan. Fort de cette expérience, Frank Melloul a recruté pour la branche francophone d'i24News (la chaîne émet également en anglais et en arabe) des familiers de ce public, comme Stéphane Calvo, un « *vrai patriote* » (*L'Opinion*, 17 juillet 2014), transfuge d'Europe 1, comme directeur d'antenne, et Jean-Charles Banoun, journaliste vedette en provenance lui aussi d'Europe 1, au « grand direct ».

«Doter Israël d'un outil d'influence qui contribue à son rayonnement culturel et politique, c'est là un défi qui mérite d'être relevé [...] C'est le moment opportun pour mettre en place un outil d'influence comme celui-là [...] Je consi-dère qu'aujourd'hui la plus sérieuse menace pour Israël, ce n'est pas le nucléaire iranien, mais la campagne de délégitima-tion qui est menée contre lui [...] Le rôle de notre chaîne sera justement d'être la Kipat Barzel, le dôme d'acier de la communication israélienne. »

Comme le résumait le quotidien économique israélien *Globes* (3 mai 2009), si Drahi «*investit en Israël* [c'est] *parce qu'il est sioniste* ». Ce qui est certainement très exact, puisque c'est le Premier ministre israélien Benyamin Netanyahou qui souhaitait, depuis 2010, la création d'une telle chaîne d'informations en continu. Pour l'opération «Bordure protectrice» de l'été 2014, i24News délocalisera spécialement son 20h sur les hauteurs d'Ashkelon, avec une vue imprenable sur Gaza : «*Depuis le début des événements, on bat tous nos résultats d'audience* » (*L'Opinion*, 17 juillet 2014).

Le Mossad recrute

Titre du magazine *Défense*, sur i24 news. «*Comment rentrer au Mossad?»*, interroge la présentatrice, Danielle Attelan, rappelant une très originale opération lancée. «*Le Mossad recrute sur la Toile avec une vidéo digne des meilleures séries d'espionnage. Faire campagne sur le Net, c'est une initiative étonnante pour une agence qui cultive le secret.»*

«Pour attirer des experts en cybersécurité», explique un reportage, le Mossad a fait paraître sur Internet et dans la presse *«un message avec un code à déchiffrer pour pouvoir candidater »*. Selon un expert, *«quand vous publiez un défi comme celui-ci, vous montrez aux recrues potentielles que vous êtes sérieux et que vous ne voulez attirer que les meilleurs candidats»*. Le Mossad n'est pas une vulgaire start-up exploiteuse de stagiaires.

Invité en plateau, Gad Shimron, ancien agent du Mossad, confirme qu'il s'agit d'*«une opération de relations publiques»* destinée à renforcer l'attractivité de l'agence, confrontée à *«la concurrence de sociétés high-tech qui recrutent tous les diplômés »* (et à celle des autres services de renseignement israéliens, ajoute-t-il). *«Ces sociétés proposent plus que le Mossad en rémunération»*, explique le retraité, avant de nuancer : *«Au Mossad, on est quand même bien payé, le côté défi peut attirer des gens.»*

Comment avez-vous été recruté par le Mossad ?», demande la présentatrice. *«Moi, tout simplement, un ami est venu me voir et m'a recommandé au Mossad»*, répond Gad Shimron, racontant le bon temps du recrutement entre potes. *«Au-delà des clichés hollywoodiens des films d'espionnage, à quoi ça ressemble la vie d'un agent du Mossad ?»* *«Le scénariste hollywoodien doit prendre beaucoup de champignons hallucinogènes pour imaginer quelque chose qui corresponde à la réalité de ce que fait le Mossad. L'une des qualités du Mossad, c'est la capacité de penser en dehors des sentiers battus.»*

Pour finir, l'ancien agent évoque ses émouvants souvenirs de l'exfiltration des juifs éthiopiens dans les années 80, *«une opération complètement folle de A à Z, chacun des agents était à la limite du cas psychiatrique».*En plus, au Mossad, *«on a une bonne retraite»*, ce n'est pas négligeable.

La présentatrice donne rendez-vous pour une *«immersion au cœur de la planète stratégique et militaire»* puis une brève séquence vidéo présente de chouettes tirs de missiles avec la légende : *«Le Dôme de fer testé avec succès à partir d'un navire de guerre.»*

Paul Amar, le présentateur de *Paris-Jaffa*, apparaît pour saluer Manuel Valls. *« Merci sincèrement d'avoir accepté notre invitation pour cette émission spéciale diffusée en direct par i24 et BFMTV en partenariat avec Libération et L'Express. Quatre médias qui vous offrent une forte visibilité et une vraie diversité éditoriale. »*

Il y a en effet pour interroger le ex-Premier ministre, outre Paul Amar, Apolline de Malherbe (*«elle s'est déplacée à Tel-Aviv»*), Christrophe Barbier et Laurent Joffrin (en duplex). Bref, toutes les sensibilités politiques (de la droite de la gauche à la droite de la droite) sont représentées. Preuve que Patrick Drahi préserve l'indépendance éditoriale de ses rédactions.

Nous vous demanderons, Manuel Valls, de faire le point sur l'état du monde, un monde angoissé, menacé et parfois menaçant», menace Paul Amar. Mais d'abord, un reportage résume la journée du ex-Premier ministre, rapportant notamment qu'*«une médaille récompense son combat contre l'antisémitisme et le boycott d'Israël».* « *Quel accueil !,* s'exclame Paul Amar en studio. *Je suis là depuis septembre, je n'ai jamais vu un homme politique français aussi bien accueilli.»*

Manuel Valls rappelle le lien indéfectible qui unit la France à Israël. *«Pour observer au quotidien le peuple israélien, je peux vous dire qu'il éprouve un sentiment très fort d'injustice, il se sent très seul",* témoigne Paul Amar. *"C'est la seule démocratie dans cette région mais c'est le seul pays à subir autant de critiques, contrairement aux autres pays alentour.»*

"Je connais bien ce pays, répond Manuel Valls, *son histoire mais aussi sa géographie, l'étroitesse d'Israël, vivant dans un environnement hostile. Il y a un beau titre d'un ouvrage de Frédéric Encel,* Israël, une démocratie en guerre.» C'est très beau. Et ça résume si bien la ligne politique du Premier ministre, « *une démocratie en guerre».*

«Vous citiez Frédéric Encel, il était ici la semaine dernière, il parlait très brillamment des accords Sykes-Picot, quand l'Angleterre et la France avaient dessiné la carte du Moyen-Orient. On a le sentiment que c'est ce qui se passe aujourd'hui.» Du coup, *«Manuel Valls devrait profiter de son séjour en Israël pour apprécier le savoir-faire local en matière de lutte contre le terrorisme.»* .

Le lobby sioniste continue de faire main basse sur les médias français. En effet, le patron du groupe de télécoms *Altice Numéricâble,* Patrick Drahi, et son associé Marc Laufer ont acquéri l'ensemble des magazines français que détient le groupe Roularta, dont *l'Express* et *l'Etudiant.*

Avec cette acquisition, les deux hommes, déjà coactionnaires de *Libération,* prennent une place croissante dans le paysage médiatique français.

Patrick Drahi est désormais à la tête du troisième plus important groupe de presse de France, après celui qui regroupe le groupe *Le Monde* et *L'Obs* dirigé par Pierre Bergé, Matthieu Pigasse et Xavier Niel, et bien-sûr Dassault, propriétaire du groupe *Figaro*.

D'après le magazine *Challenges*, M. Drahi a pris la nationalité israélienne et renoncé à la nationalité française. Mais, suite à la polémique née au moment du rachat de *SFR*, l'homme d'affaire, qui vit officiellement à Genève, assure être toujours français et agir au nom des intérêts français.

En 2012, dans une interview à *La Tribune*, il a expliqué financer la chaîne pour *«des motivations sionistes sincères afin d'améliorer l'image d'Israël !»* En effet, derrière l'affichage, le contenu d' *i24 News* est en réalité clairement orienté, comme l'atteste le traitement des récentes attaques terroristes en France ou les tribunes publiées sur le site.

En revanche, quand il s'agit de business, le discours change radicalement. En témoigne l'offre spéciale «*Ramadan*» de *SFR* destinée aux consommateurs d'origine maghrébine, où l'on pouvait voir s'afficher les mots suivants sous le visage souriant d'une femme voilée : «*Je peux «gassar» [discuter] sans compter* ». Ainsi, d'un côté on flatte les consommateurs musulmans afin de vendre des abonnements téléphoniques et de l'autre, on les diabolise dans les journaux du même groupe afin de servir les intérêts sionistes.

BFM TV

Après avoir racheté SFR en 2014, Patrick Drahi a racheté NextRadio, propriétaire de BFM TV, en 2015. L'ensemble, appelé Altice Media, est fusionné par Mourad avec SFR en 2016. Il comporte d'autres titres bien connus comme *l'Express* qui, lui non plus, ne ménage ni son temps ni sa peine pour donner une bonne image de Macron.

Petit rappel sur Alain Weill le propriétaire du groupe NextRadio qui possede les chaines BMTV et RMC. Propriétaire d'une fortune estimé à 73 millions d'euros selon le magazine « Challenges », Membre du conseil de surveillance de la branche française de l'Institut Aspen.

Un puissant *think tank* créé dans les années 1950 aux États-Unis possèdant des antennes dans sept pays et qui compte parmi ses intervenants des personnalités comme Jean Monnet, Henry Kissinger ou Madeleine Albright.

Le *think tank* organise chaque année des séminaires « Jeunes leaders politiques», à l'image de la French-American Foundation. Lors de ces rencontres, les participants sélectionnés planchent sur des sujets liés à la gouvernance dans un cadre supranational et mondialiste, encadrés par des personnalités de premier plan du monde de la politique et des affaires.

Aujourd'hui, l'institut Aspen est présidé par Walter Isaacson, ancien président de CNN et ex-rédacteur en chef de *Time Magazine*. Walter Isaacson est l'auteur de plusieurs ouvrages consacrés à des personnalités de l'histoire des États-Unis, parmi lesquelles une biographie d'Einstein traitant entre autres des rapports entre le célèbre physicien et le mouvement sioniste.

Patrick Drahi et Alain Weill, se connaissent depuis près de vingt ans. Plus encore, ils sont liés par un homme, Marc Laufer, qui a été successivement bras droit d'Alain Weill de 2001 à 2006 à NextRadioTV et qui est désormais directeur général d'Altice Media Group qu'il a cofondé avec Patrick Drahi.

Mon candidat, Macron

Le ex-ministre Montebourg ne dit pas que Drahi est un escroc mais il semble le penser très fort. Des enquêtes fiscales sont alors diligentées par Bercy et les déclarations ci-dessous sont sans ambiguïté.

« *Numericable a une holding au Luxembourg, son entreprise est cotée à la Bourse d'Amsterdam, sa participation personnelle est à Guernesey dans un paradis fiscal de Sa Majesté la reine d'Angleterre, et lui-même est résident suisse ! Il va falloir que M. Drahi rapatrie l'ensemble de ses possessions, biens, à Paris, en France. Nous avons des questions fiscales à lui poser !* », tempêtait ainsi le ministre du Redressement productif au micro d'Europe 1.

À cette époque-là, le combat entre différents courants, différentes visions et peut-être aussi entre différents conflits d'intérêts qui se joue est un combat de titans avec des milliards d'euros en jeu.

Macron, lui, soutient le rachat de SFR par Numéricable qui appartient à Drahi. «*Le rendez-vous, prévu vers 20 heures, s'est finalement transformé en appel téléphonique, un peu plus tard dans la soirée, entre le président du conseil de surveillance et le secrétaire général de l'Élysée Emmanuel Macron. Celui-ci a alors promis aux dirigeants de Vivendi qu'il n'y aurait pas de veto du côté de la présidence de la République* ». Sous-entendu c'est un feu vert donné à Drahi.

Bernard Mourad

En 2014, Emmanuel Macron était secrétaire général adjoint de l'Élysée et Arnaud Montebourg, ministre du Redressement productif. Si ce dernier s'est davantage impliqué dans le dossier, M. Macron l'a également suivi. MM. Mourad et Macron se connaissaient toutefois depuis plus longtemps: ils s'étaient rencontrés par des amis communs il y a plus de dix ans.

L'histoire de Bernard Mourad avec Patrick Drahi avait, elle, commencé en 2004. À l'époque, Drahi n'était pas encore très connu. Il souhaitait racheter Noos pour constituer un groupe hexagonal spécialisé dans le câble. Bernard Mourad et Dexter Goei, actuel PDG d'Altice (*la holding luxembourgeoise du milliardaire*), mais à l'époque lui aussi banquier chez Morgan Stanley, l'ont alors conseillé. Les trois hommes ne se sont plus quittés, jusqu'à aujourd'hui, M. Mourad ayant décidé de délaisser le cuivre des télécoms pour les paillettes de la politique avec Macron...

Ancien de la banque Morgan Stanley, spécialiste du secteur des télécoms, M. Mourad s'était plus particulièrement occupé, en 2014, de l'opération de rachat de SFR deuxième opérateur français, par Numericable, le câblo-opérateur de Patrick Drahi.

À l'époque, une bataille féroce avait opposé ce dernier à Martin Bouygues, propriétaire de l'opérateur du même nom pour l'acquisition de SFR. M. Mourad s'était occupé du financement et de l'exécution de l'opération qui a valu à Patrick Drahi de devenir l'un des patrons de télécoms les plus importants d'Europe.

Pour muscler son staff, l'ex-ministre de l'Économie a fait appel à Bernard Mourad, qui a accompagné Patrick Drahi dans la constitution de son empire télécoms. Cet ancien banquier de Morgan Stanley *"interviendra comme conseiller et ne percevra aucune rémunération de la part du mouvement"*. Il *"ne figurera pas dans l'organigramme"* mais *"apportera au mouvement sa connaissance des milieux d'affaires, et sera notamment actif dans la levée de fonds"*, précise l'entourage d'Emmanuel Macron.

Les amateurs d'entrefilets à signaux faibles ont évidemment noté cette information passée inaperçue début octobre: Patrick Drahi, homme d'affaires sulfureux, surendetté et très influent pèse de tout son poids dans la campagne du jeune Macron. Il lui a même délégué l'un de ses meilleurs colonels : Bernard Mourad.

Bernard Mourad, le patron d'Altice Media Group va abandonner ses fonctions dans les prochains jours pour rejoindre l'équipe de campagne d'Emmanuel Macron comme conseiller spécial. Ce proche de Patrick Drahi a choisi de démissionner pour éviter tout conflit d'intérêt dans ses nouvelles missions auprès de l'ex ministre de l'Economie, un ami de plus de 15 ans.

Son arrivée structure le mouvement «En Marche!», lancé en avril dernier par Emmanuel Macron, pour le transformer en véritable parti politique. Bernard Mourad sera plus spécifiquement en charge des questions et relations avec les sphères économiques. Cet ancien banquier d'affaires devrait également apporter une aide précieuse, grâce à ses réseaux, dans la recherche de financements pour la campagne présidentielle.

Auparavant directeur général de Morgan Stanley à Paris, Bernard Mourad s'est fait connaître pour avoir épaulé Patrick Drahi sur ses deals dans les télécoms, notamment le rachat de SFR, en 2014. Durant sa carrière de banquier d'affaires, il s'était également construit une solide réputation dans le secteur des médias en conseillant l'américain Hearst dans le rachat des magazine internationaux de Lagardère. Il avait aussi conseillé Mondadori dans l'acquisition d'Emap France et accompagné des fonds d'investissement pour la reprise d'une partie de Vivendi Publishing.

Bernard Mourad avait rejoint Altice en février 2015 en tant que patron de la branche média du groupe. Celui qui est une pièce centrale dans le dispositif organisationnel du candidat Macron est donc l'ancien patron de SFR Media, qui est désormais composé de SFR Presse, SFR RadioTV et SFR Sport.

-SFR Presse regroupe l'ensemble des activités presse du groupe en France : Groupe L'Express, Libération, NewsCo.

-SFR RadioTV, détenant 49 % de NextRadioTV, regroupe les activités audiovisuelles du groupe en France : BFM TV, BFM Business, BFM Paris, RMC, RMC Découverte.

-SFR Sport regroupe l'ensemble des activités consacrées aux sports : BFM Sport, RMC Sport, SFR Sport 1, SFR Sport 2, SFR Sport 3, SFR Sport 4 et SFR Sport 5. »

Macron veut faire croire qu'il est de gauche. Lui, le banquier d'affaires qui aime les beaux costards n'est pas plus de gauche que Gattaz, le patron du Medef! Il veut faire croire qu'il est le candidat de l'antisystème alors qu'il ne semble être que le nervi d'un système économico-financier aux liens troubles et opaques.

Quant à Drahi, le milliardaire d'un Empire de 50 milliards de dettes il a déclaré lors de son audition au Sénat: «*Je dors beaucoup plus facilement avec 50 milliards de dettes qu'avec les premiers 50 000 francs français de dette que j'ai contractés en 1991.*» C'est assez logique. Quand on doit 50 000 francs à la banque on a un problème avec la banque. Quand on doit 50 milliards à la banque, c'est la banque qui a un problème avec vous. Il est assez rare d'ailleurs de voir des banquier prêter 50 milliards à un seul homme.

L'avenir douteux

Le propriétaire de SFR n'a pas d'échéance de remboursement majeur avant 2022. Après avoir beaucoup réduit les coûts, il est sous pression pour générer des revenus.

Même si Altice a arrêté les acquisitions depuis 2015, l'empire de Drahi est toujours sous le feu des projecteurs. Le groupe va terminer l'année avec une dette nette de 49,282 milliards d'euros, soit 5,7 fois son Ebitda. Un montant qui a doublé en deux ans. C'est un «exploit» dont peu d'entreprises peuvent se targuer et qui a conduit les analystes de Bloomberg Intelligence à classer récemment le groupe parmi les 50 entreprises à surveiller dans le monde, en 2017, parce qu'elles vont faire face à des *défis inhabituels.*»

A l'heure où plusieurs groupes à fort endettement souffrent, comme SoLocal ou Vivarte, la situation d'Altice peut interpeller. Dennis Okhuijsen, le directeur financier d'Altice, explique que tout est sous contrôle, car le groupe possède beaucoup d'actifs qui lui permettent de supporter sa dette. « *Nos cash flow sont massifs, on fait de très belles marges d'Ebitda et plus de 85 % de notre dette est à taux fixe*», souligne-t-il.

Pourtant, fin 2015, les investisseurs s'inquiétaient de l'ampleur de l'endettement du groupe. En quelques mois, Altice a alors perdu la moitié de sa valeur en Bourse. S'il a perdu la valeur économique de ces titres, il en a cependant conservé la propriété. Goldman Sachs l'a résumé dans une note invitant Altice à stopper les acquisitions, après les rachats coup sur coup de SFR, Virgin Mobile, Portugal Telecom, et les « câblo» américains Suddenlink et Cablevision.

Depuis, le groupe s'emploie prioritairement à intégrer ses actifs. Même s'il a continué à faire des petites acquisitions, en témoigne, notamment,la prise de participation de 49 % dans NextRadioTV, la maison-mère de BFM TV et RMC. Il a aussi refinancé cette année plus de 21 milliards d'euros de dettes, profitant des taux bas pour en abaisser le coût et rallongeant la maturité.

Aujourd'hui, le coût moyen de la dette est de 6,2 % : il est un peu plus faible en Europe et un peu plus élevé aux Etats-Unis. C'est cher par rapport aux taux actuels mais, chez Altice, on considère que c'est le prix de la tranquillité. Désormais, le groupe n'a en effet plus d'échéance majeure avant 2022, date à laquelle il va devoir rembourser près de 10 milliards. D'ici là, il ne paie « que » les intérêts de la dette, soit, pour 2017, un peu plus d'un milliard d'euros, puis plus de 2 milliards par an à partir de 2020.

Il y a fort à parier que les taux vont remonter, et que le rééchelonnement de la dette, coûtera donc plus cher. D'ici là, Altice doit ameliorer ces resultats pour être sûr de pouvoir rembourser. Sinon, le groupe risque de rencontrer de sérieuses difficultés.

C'est donc sur sa capacité à faire croître l'activité que le tycoon est particulièrement attendu. Notamment sur SFR, le pilier du groupe, en difficulté et dont Moody's a dégradé la note à l'automne 2015. « *Altice a prouvé qu'il savait rentabiliser très rapidement ses acquisitions grâce à sa gestion éprouvée des réductions de coûts,* explique un analyste financier. *Les équipes doivent désormais faire la démonstration qu'elles savent faire croître l'activité.* » Altice affirme qu'il n'y a pas d'effet «domino» d'un pays à l'autre pour ses activités. Mais s'il échoue sur un territoire, les investisseurs, où qu'ils soient, pourraient commencer à douter.

Qui prête de l'argent?

Il faut dire que le polytechnicien de 51 ans semble avoir trouvé une martingale géniale : plus il emprunte, plus on lui prête. Et plus son groupe grimpe en Bourse.

"Mon groupe vaut aujourd'hui 31 milliards d'euros, pour 33 milliards de dette, un ratio plus faible que celui d'un ménage qui emprunte pour acheter son appartement.» Auditionné par les députés, Patrick Drahi avait expliqué qu'il n'avait pas le profil pour finir un jour devant une commission de surendettement.

Son groupe, Altice, a beau avoir emprunté à tour de bras depuis dix-huit mois pour avaler SFR, Virgin Mobile, Portugal Telecom et Suddenlink (sans parler «Libération» et «L'Express»), les risques seraient bien maîtrisés. Force est de constater que, pour l'heure, tous lui font crédit. Fin juin, le patron d'Altice a encore réussi à mettre sur la table 10 milliards d'euros, dont 4 à emprunter, pour racheter Bouygues Telecom.

A écouter les experts, Patrick Drahi profite d'un contexte idéal pour mener sa guerre éclair. Les politiques accommodantes des Banques centrales américaine et européenne font couler l'argent à flots. Pas de Patrick Drahi sans Mario Draghi. Or les taux bas liés à cette abondance de liquidités ont amené les investisseurs à rechercher des placements plus juteux.

Les obligations émises par Altice ou Numericable-SFR sont classées par les agences de notation dans la catégorie «junk bonds», autrement dit «spéculatives». Ce qui veut dire que le groupe de Drahi emprunte à des taux annuels de 5 à 10% (quand Orange obtient 2 à 5%), une rémunération très attractive pour celui qui souscrit. Et néanmoins raisonnable et supportable pour Altice. Lorsqu'il a racheté SFR en 2014, le groupe s'est ainsi vu proposer six fois les montants qu'il recherchait.

Pour collectionner ainsi les lignes de crédit, Patrick Drahi s'est entouré de virtuoses. Son directeur financier, Dennis Okhuijsen, est l'ancien trésorier de Liberty Global, détenu par John Malone, le roi du câble américain qui a servi de modèle au patron d'Altice. Son équipe de choc est menée par Dexter Goi, un ancien de Morgan Stanley surnommé par ses collègues «l'oreille musicale de la finance».

Ensemble, ils savent élaborer des montages complexes pour maximiser les capacités d'emprunt du groupe et éviter que la société mère ne supporte toute la charge. L'organigramme extraordinairement complexe du groupe mène très souvent au Luxembourg, bien connu pour sa fiscalité royale (taux effectif autour de 15% pour l'impôt sur les sociétés) et son opacité juridique. Optimisation, donc: pour racheter l'américain Suddenlink, valorisé à 9 milliards d'euros, Patrick Drahi n'a déboursé qu'un seul milliard en cash. De même, à titre personnel, n'est-il pas endetté. Selon les calculs de l'économiste Benoît Boussemart, sa fortune (nette de dettes) s'élevait à 10 milliards d'euros.

Les Goldman Sachs, JP Morgan ou BNP Paribas qui avancent les milliards ont intérêt à ce que la belle histoire de Patrick Drahi se poursuive sans accrocs. Jacques de Greling, analyste chez Natixis, conteste cette thèse : *«Quand on regarde pays par pays, il n'y a ni trop d'opérateurs ni de problèmes d'investissement en Europe.»* Les rachats et fusions, en revanche, peuvent s'avérer douloureux pour l'emploi et le prix des forfaits payés par les clients.

Quoi qu'il en soit, Drahi s'emploie à démontrer que la taille génère des économies. C'est la clé de son modèle, basé sur le fameux LBO («leverage buy-out»). L'entreprise cible (SFR, Portugal Telecom) doit dégager assez de marges pour rembourser l'emprunt qui a servi à l'acheter. Dans le cas de SFR, il faut trouver 50 millions d'euros par mois, pour payer les seuls intérêts de la dette! Alors on passe les coûts à la broyeuse. Secondé par Eric Denoyer, ex- P-DG de Numericable, le patron franco-israélien revoit tout à la baisse: les contrats des fournisseurs, les effectifs, surtout d'encadrement, et les frais généraux. Econome jusqu'au bout, il voyage lui-même avec EasyJet.

Le résultat est là : grâce aux synergies la rentabilité de SFR a augmenté de 21%, malgré la fuite de 500 000 clients. «Nous avons démontré notre capacité à faire augmenter rapidement les marges et donc à diminuer le ratio d'endettement», résume le porte-parole du groupe.

Depuis qu'Altice y est entré en 2014, l'action a décollé de 400%. Largement de quoi ouvrir de nouvelles perspectives. L'homme d'affaires vient de coiffer Altice d'une holding cotée à Amsterdam dans laquelle les actionnaires (lui surtout) pourront dé tenir des actions valant 25 droits de vote. Ainsi, il pourra procéder à des augmentations de capital et réduire sa participation (de 60% dans Altice) tout en gardant le contrôle de son empire. En Europe, l'opérateur néerlandais KPN et le belge Belgacom pourraient bien devenir ses prochaines proies.

Des chiffres à donner le tournis

- 50 millions d'euros les intérêts de la dette remboursés chaque mois par SFR
- 5 à 10% : les taux annuels auxquels emprunte le groupe Altice
- 10 milliards d'euros : la fortune de Patrick Drahi nette de dettes

–

JP Jouyet

Jean-Pierre Jouyet succède à Pierre-René Lemas comme secrétaire général de l'Élysée en 2014. Inspecteur général des finances, directeur général de la Caisse des dépôts et consignations depuis 2012, Jean-Pierre Jouyet est surtout un vieux complice de François Hollande, qu'il a connu à l'ENA au sein de la fameuse «promo Voltaire».

C'est également un proche d'Emmanuel Macron qui etait secrétaire général adjoint de la présidence de la République. Symbole d'une certaine continuité du pouvoir en place, Jean-Pierre Jouyet, très pro-Union européenne et membre du club Le Siècle, fut secrétaire d'État sous Nicolas Sarkozy.

Jean Pierre Jouyet est né le 13 février 1954 à Montreuil-sous-Bois (Seine-Saint-Denis). Fils d'un notaire installé en province, il est titulaire d'un DEA de droit public, diplômé de Sciences Po Paris, et de l'ENA, où il sympathisa avec François Hollande. À tel point que quand ce dernier arriva 8e à la sortie, et Jouyet 9e, Hollande lui laissa la dernière place disponible pour l'Inspection des finances.

En 1983, il devient rapporteur général de la mission d'études des mesures de simplification en matière fiscale au Conseil des impôts, puis chef du bureau et, en février-mai 1988, sous-directeur chargé des questions relatives à la TVA. De 1988 à mai 1991, il dirige le cabinet de Roger Fauroux (Industrie et aménagement du territoire). Il sera ensuite directeur adjoint (1991-1994), directeur du cabinet de Jacques Delors, président de la Commission des communautés européennes.

Avec son vieux complice François Hollande, il a lancé et présidé le club Démocratie en 2000. Il a été chef du service de l'inspection générale des finances (2005-2007) puis secrétaire d'État chargé des affaires européennes auprès du ministre des Affaires étrangères, Bernard Kouchner, sous la présidence de Nicolas Sarkozy. Il a ensuite pris la présidence de l'Autorité des marchés financiers (2008-2012) avant de diriger la BPI (Banque publique d'investissement).

Fasciné par De Gaulle, ce catholique pratiquant a fait la campagne de Jacques Chaban-Delmas en 1974 avant de se rapprocher des cercles deloristes. Son frère Michel est conseiller général UMP d'Écos, dans l'Eure, et a parrainé Jean-Marie Le Pen à l'élection présidentielle de 2002. Membre du club Le Siècle depuis le début des années 90, Jean-Pierre Jouyet a épousé en secondes noces Brigitte Taittinger, PDG des parfums Annick Goutal.

Affaire Fillon

Il est au centre de l'affaire qui ébranle François Fillon. Jean-Pierre Jouyet, actuel secrétaire général de l'Elysée, a revélé au journal *Le Monde* que l'ancien premier ministre aurait demandé d'intervenir pour accélérer les procédures judiciaires visant Nicolas Sarkozy. Après un démenti, il a fait marche arrière, concédant qu'il s'est bien entretenu avec François Fillon sur des sujets comme Bygmalion et les pénalités de campagne de l'ancien président.

François Hollande et Jean-Pierre Jouyet se ressemblent beaucoup. Ils ont le même caractère et la même façon de fonctionner avec leur entourage. Et leur lien n'a jamais été rompu, ils ont toujours été en contact direct.

Son passage à l'Autorité des marchés financiers (AMF), qu'il a quittée avant la fin de son mandat, reste marqué par la crise financière et européenne, contre laquelle il s'est battu, notamment en interdisant un temps certaines techniques spéculatives, comme les ventes à découvert.

Malgré sa participation à un gouvernement de droite, il n'a jamais cessé de revendiquer son amitié pour l'actuel président, sans pour autant entrer dans le gouvernement de Jean-Marc Ayrault. A ses amis de gauche qui lui reprochaient sa participation au gouvernement Fillon, il avait assuré qu'il ne faisait que mettre une fois de plus sa compétence au service de la cause européenne.

Des allers-retours qui passent mal en politique. "*Après avoir été mis dans une cage dorée pendant quelques temps, revoilà l'oiseau qui vient se percher sur la tête du chef* ", lâche à son propos Jean-Luc Mélenchon lors de sa nomination à l'Elysée. "*Un symbole de l'UMPS*", estime aujourd'hui Marine Le Pen.

Nombre de ministres socialistes voient d'ailleurs en Jean-Pierre Jouyet "*un personnage intrigant*" qui "*manipule tout le monde*", selon un membre de l'exécutif. Ils lui reprochent ainsi d'entretenir des relations "troubles" avec la droite. D'où le caractère explosif des révélations de son déjeuner avec François Fillon.

Affaire Penelope Fillon

"Cette opération ne vient pas de chez nous, pas de notre camp. Cette affaire vient du pouvoir", a balancé Fillon, mercredi 1er février 2017. Le candidat LR à la présidentielle a aussi dénoncé une *"tentative de coup d'État institutionnel"* venu de *"la gauche"*. Ses soutiens partagent évidemment ce point de vue. Et les plus fervents balancent même ouvertement - et sans la moindre preuve évidemment - les noms de ceux qui font, selon eux, partie du complot.

Ce sont donc les députés LR Éric Ciotti et Bernard Debré qui citent, pêle-mêle et sur la base de vagues *"suspicions"* ou simples déductions, Jean-Pierre Jouyet, François Hollande, Emmanuel Macron ou encore l'ancien juge et président de la Haute autorité pour la transparence de la vie publique Jean-Louis Nadal comme grands organisateurs de cette chasse à l'homme.

"Les éléments qui sortent, les contrats, les chiffres, qu'ils soient dans le domaine privé ou dans celui de l'Assemblée nationale, du Sénat, il y a qu'un lieu où tous ces éléments sont recensés de façon exhaustive : c'est à Bercy. C'est à Bercy. Voilà. Donc après. Il y a en tout cas les déclarations de revenus de façon exhaustive sur toutes les années, bien entendu. [...] Ça veut dire que le pouvoir en place a la capacité de disposer de ces éléments et on voit bien que c'est une possibilité. Si on converge, si on rapproche ces deux éléments - à qui profite le crime et qui dispose des éléments pour commettre le crime - vous avez déjà des indices pour mener l'enquête.

"Emmanuel Macron est très proche de l'actuel président de la République, du secrétaire général de l'Élysée qui a fait monter monsieur Macron. Le secrétaire général de l'Élysée, c'est monsieur Jouyet. Moi je le dis très clairement, ce sont des faits. Monsieur Macron n'est pas éloigné de ce pouvoir, au contraire, il bénéficie, au sein de l'appareil d'État, d'un soutien très important. Nul n'ignore que monsieur Jouyet a été un acteur majeur dans la montée en puissance de monsieur Macron. Et nul n'ignore, aussi, l'opportunisme légendaire de monsieur Jouyet, qui a été jusqu'à être ministre de Nicolas Sarkozy avant d'être secrétaire général [de l'Élysée] de François Hollande et d'être un soutien de monsieur Macron.

Bernard Debré, sur Public Sénat et Radio Classique, il affirme qu'une *"officine"* est derrière tout ça, même s'il ne *"sait pas laquelle"*.

Bernard Debré: *"On n'a pas de preuve, mais on sait tr..."*

Journaliste : *Alors pourquoi avancer que c'est une officine ?*
Bernard Debré: *"Parce qu'on est en train de chercher et qu'on a des suspicions. Ces suspicions, c'est monsieur Nadal, qui a été nommé par le gouvernement, c'est monsieur... euh... un conseiller de François Hollande qui est là pour ça. On le sait bien ! Voilà."*
Journaliste : *Ça profite à qui ?*
Bernard Debré: *Bah à la gauche, à qui voulez-vous que ça profite ? Ça profite à monsieur Macron, c'est évident. Quand l'affaire a commencé, on pouvait imaginer entre Hamon et Valls, l'un des deux. Alors ça profitera pas beaucoup à Hamon mais ça profitera à...*
Journaliste: *Tout est monté depuis l'Élysée ?*
Bernard Debré: *Ah bah j'en suis absolument persuadé, persuadé ! Qui voulez-vous qui monte ça, qui voulez vous qui ait ces informations ?*

Sur RFI, le député LR et conseiller politique du candidat, Eric Woerth, a quant à lui tout simplement demandé au *Canard enchaîné* de dévoiler sa ou ses sources. Voilà ce qu'a déclaré l'ancien ministre

Journaliste: *Qui a lancé cette boule puante?*
Eric Woerth: *Je n'en sais strictement rien (…)*
Journaliste: *Ça ne peut pas venir de l'intérieur du parti?*
Eric Woerth: *Non, bien sûr que non. Quelle idée aurait quelqu'un des partis de la droite et du centre de vouloir affaiblir voire tuer son propre candidat? On ne va pas jouer à ce jeu-là, on n'est pas là pour essayer de savoir de qui ça vient. Je pense que ça se saura à un moment donné. Je pense aussi que la presse de temps en temps doit pouvoir accepter d'ouvrir ses propres sources pour dire du début jusqu'à la fin comment les choses se sont passées.*
Journaliste: *Ça vous intéresserait que le Canard enchaîné nous dise dans la livraison de demain 'écoutez, l'info nous est arrivée de telle personne' ?*
Eric Woerth: *Evidemment, c'est à lui de le faire. Personne ne peut le forcer, on est dans une démocratie et les sources journalistiques doivent être protégées. Je suis pour une presse parfaitement libre. Je dis qu'à un moment donné, au fond, pourquoi protéger sa propre source? Jouons cartes sur table sur cette affaire. On est à trois mois de l'élection présidentielle. Ce n'est pas une histoire comme les autres alors jouons cartes sur table et tout le monde doit jouer cartes sur table.*

Le 6 octobre 2016, le Parlement français avait adopté une proposition de loi sur l'indépendance et le pluralisme des médias. Le texte visait notamment à une meilleure protection des sources des journalistes. Il modifiait la loi de 1881 sur la presse et la loi Dati de juillet 2010 et étendait aussi la protection du secret des sources à tous les collaborateurs de la rédaction.

MEDEF

Il y jouait le rôle d'intermédiaire avec les patrons. Il était l'un des rares à comprendre nos attentes, nos préoccupations et à passer les messages au président. Emmanuel Macron a tissé des relations directes et privilégiées avec plusieurs poids lourds du CAC-40. Ainsi, connaît-il très bien Pierre Pringuet, le Directeur général de Pernod Ricard, par ailleurs à la tête depuis 2012 de la puissante Association française des entreprises privées (Afep), qui regroupe les principaux groupes du CAC-40. Le contact entre les deux hommes est extrêmement fluide et quasi permanent, à tel point que François Hollande a participé à plusieurs reprises à des dîners privés organisés par l'Afep.

Côté Medef, c'est surtout avec Geoffroy Roux de Bézieux, vice-Président de l'organisation patronale, qu'Emmanuel Macron entretient une relation de confiance. Les deux hommes se sont connus dans le cadre de la commission Attali.

Cette commission pour la libération de la croissance, dont Emmanuel Macron était le rapporteur, en 2008, est le deuxième réseau pour expliquer son parcours. C'est là que s'est jouée sa carrière de banquier, grâce à sa rencontre avec Peter Brabeck, le PDG du groupe Nestlé, qui fut membre de cette commission.

Séduit par le jeune garçon, le patron suisse a décidé de faire de Rothschild sa banque d'affaire lorsqu'Emmanuel Macron l'a rejointe courant 2008. Ce qui a permis à Rothschild d'être banque conseil de Nestlé pour le rachat géant - 9 milliards d'euros - de Pfizer Nutrition, ayant assuré au futur ministre de l'économie un confortable bonus.

Troisième réseau moins connu mais qui sera clef dans les prochaines semaines: il possède de solides entrées dans les syndicats. Des relais capables de lui faire remonter les ambiances, sentiments, revendications sociales. Il est notamment un intime de Pierre Ferracci, le patron du groupe Alpha, et expert influent du social, qui lui aussi faisait partie de la commission Attali. Ce chef d'entreprise qui n'a jamais caché sa proximité avec la CGT assure «avoir vu grandir Emmanuel», qui a fait une partie de ses études avec son fils.

Autre «référence» avec laquelle il a su entretenir des contacts réguliers, Raymond Soubie, l'ancien conseiller social de Nicolas Sarkozy avec qui il partage la passion de l'Opéra – Emmanuel Macron a été 3e prix du conservatoire d'Amiens. Dans le cadre de la commission Attali, Emmanuel Macron a aussi eu l'opportunité de travailler avec Jean Kaspar, ancien secrétaire général de la CFDT, aujourd'hui consultant influent dans nombre de plans sociaux, et avec Michel de Virville, chargé par le gouvernement de plancher sur le compte pénibilité.

Les économistes

A l'extérieur de l'Etat, c'est surtout grâce à la commission Attali qu'il a pu développer ses réseaux auprès des patrons et des économistes, comme Philippe Aghion, fervent défenseur d'une politique de l'offre. Ensemble, ils ont monté le groupe dit de "La Rotonde" chargé d'alimenter le programme de Hollande, rassemblant des technos et les économistes Elie Cohen, Gilbert Cette et Jean Pisani-Ferry. Déjà, ils prônaient un véritable choc de compétitivité. Mais, à l'époque, Michel Sapin n'a pas retenu l'idée. Prudent, Macron n'a pas bronché.

Après les élections, trois rencontres avec Hollande suivront. Macron s'en sert pour faire passer des messages. En août 2013, il encourage ainsi les économistes à sensibiliser le président à la surtaxation des entreprises françaises et à vanter les mérites de la fiscalité suédoise. Pisani-Ferry a d'ailleurs été nommé, avec son appui, commissaire général à la Stratégie et à la Prospective, rattaché à Matignon. Et, lorsqu'il quitte l'Elysée, c'est à Aghion que Macron demande de lui trouver un point de chute dans l'enseignement, à Harvard et à la London School of Economics.

Autre économiste qui compte : Marc Ferracci, un ami de Sciences-Po qui fut l'un de ses deux témoins de mariage, avec l'homme d'affaires Henry Hermand. Ce spécialiste du marché du travail a été convié à déjeuner à deux reprises à l'Elysée avec ses confrères Pierre Cahuc et Francis Kramarz, partisans d'une réforme drastique du paritarisme et des professions réglementées. Macron fréquente aussi régulièrement le père de Marc Ferracci, Pierre Ferracci, à la tête du groupe de conseil Alpha, très influent dans la sphère sociale, qui l'a mis en relation avec les principaux leaders syndicaux.

Dans l'ombre

Outre ces soutiens «dans la lumière», l'ancien ministre de l'Economie dispose, à ses côtés, d'une garde rapprochée totalement dévouée à sa cause. *«Il a un fonctionnement très personnel »*, témoigne un cadre du mouvement. Ainsi, l'ancien banquier d'affaires a embarqué dans l'aventure En Marche! les plus éminents membres de son équipe à Bercy, en l'occurrence Alexis Kohler (qui doit néanmoins prochainement quitter le mouvement) et Julien Denormandie, respectivement ex-directeur de cabinet et directeur adjoint d'Emmanuel Macron. Ces deux hauts fonctionnaires ont l'oreille du fondateur d'En Marche! auquel ils distillent leurs conseils. De son côté, Grégoire Potton, ancien directeur de cabinet de Thierry Mandon à l'Enseignement supérieur, est davantage chargé de gérer les affaires courantes du mouvement, installé depuis fin septembre au 14e étage de la tour Montparnasse – un espace déjà devenu trop exigu pour les desseins d'Emmanuel Macron. Autre «conseiller de l'ombre» des plus influents, Ismaël Emelien, passé par Havas, «spin-doctor» et stratège en chef du futur candidat Macron.

Comme dans tout «parti politique qui se respecte», la coordination avec les élus afin de récolter les précieux parrainages dans la perspective de l'élection présidentielle échoit à Stéphane Séjourné, conseiller parlementaire. Le porte-parolat du mouvement est assuré par Benjamin Griveaux, tandis que les plumes Quentin Lafaix et David Amiel s'affairent également en coulisses.

Enfin, Sylvain Fort, ancien de BNP Paribas, verrouille la communication d'Emmanuel Macron, épaulé par Sibeth Ndiaye. Certains conseillers communiquant via l'application de messagerie instantanée ultrasécurisée « Telegram » dont les messages sont chiffrés, ce qui signifie que personne d'autre que leur expéditeur ou leur destinataire ne peut les lire.

Du côté des finances, c'est Christian Dargnat, ex-directeur de BNP Paribas Asset Management, qui est à la baguette et préside l'association de financement d'En Marche!. Le mouvement revendique officiellement 6 400 donateurs pour 2,7 millions d'euros récoltés, comme évoqué en préambule.

Le fondateur du mouvement se rend «quasi tous les jours» au QG où il consulte et reçoit beaucoup dans son bureau équipé de deux portes d'accès, permettant à ses visiteurs successifs de ne pas se croiser si besoin en était. Il a notamment reçu le conseiller spécial et intime de François Hollande, Bernard Poignant. Signe que les relations avec le président de la République, polaires durant la quinzaine qui a suivi son départ de Bercy, ne sont pas totalement rompues.

Les Vétérans

Cohn-Bendit

Daniel Cohn-Bendit, la figure emblématique de l'écologie politique a confié à la télévision publique suisse qu'il pourrait voter pour le leader d'En Marche car "*il est le seul pour l'instant qui puisse nous éviter un deuxième tour Fillon-Le Pen*"."*Ca fait longtemps que je dis que Macron est un phénomène qui va persister*", a-t-il ajouté dans une interview à la RTS. "*Je pourrais voter Macron, mais j'hésite car je suis aussi pour le candidat écologiste et comme c'est un copain en plus, c'est difficile*", a-t-il dit, candidat d'Europe Ecologie-Les Verts (EELV), mouvement dont Daniel Cohn-Bendit est le cofondateur.

Il explique l'ascension d'Emmanuel Macron dans les sondages par une "envie de renouveau, de nouvelles têtes, de nouvelles idées, l'envie de nouvelles personnalités surtout". "*Emmanuel Macron m'intéresse parce qu'il rassemble au-delà de la définition traditionnelle de la gauche et de la droite*", a-t-il poursuivi "*Il essaye d'anticiper l'avenir. C'est le seul qui fait un meeting avec 15.000 personnes où pendant 10 minutes, un quart d'heure, il fait acclamer l'Europe, le besoin d'Europe, le désir d'Europe. C'est en ça qu'il est très moderne.*"

Kouchner

Emmanuel Macron "fait naître l'espoir". C'est Bernard Kouchner qui l'affirme, dans un entretien accordé au "Parisien". "*S'il y a quelqu'un qui fait naître l'espoir, c'est bien lui. Un homme qui ouvre le jeu, qui ne dit pas de mal des gens par goût électoral*", souligne l'ancien ministre, plein d'enthousiasme. Pas sûr, en revanche, que Emmanuel Macron accueille cet éloge avec la même ardeur.

Co-fondateur de Médecins du monde et de Médecins sans frontières, l'ex-"French doctor" a certes longtemps bénéficié d'une forte popularité auprès des Français. Mais son image s'est brouillée ces dernières années. La faute à son entrée au gouvernement de Nicolas Sarkozy en 2007, lui qui était pourtant proche de la gauche et du PS. Taxé d'opportunisme, il a de plus quitté le Quai d'Orsay sur un bilan jugé très décevant.

Alors qu'Emmanuel Macron fait pour l'instant campagne en se revendiquant "ni de droite, ni de gauche", le parcours de Bernard Kouchner est donc plutôt celui d'un politique à la fois de droite et de gauche... Ministre des Affaires étrangères de Nicolas Sarkozy de 2007 à 2010, il fut auparavant ministre de la Santé sous des gouvernements socialistes au début des années 1990, puis au début des années 2000. En somme, un soutien qui incarne plutôt le passé et qui colle mal avec l'image de candidat "du renouveau", qui casse les "codes" politiques, qu'Emmanuel Macron s'efforce de se construire.

Alain Minc

Alain Minc va voter Macron. Il l'a annoncé dimanche 22 janvier 2017, dans les colonnes du "JDD". Parce qu'"*il est le seul candidat authentiquement européen*", explique l'essayiste et homme d'affaires, qui avait soutenu Alain Juppé lors de la primaire de la droite, il y trois mois. Un soutien qui n'a, à l'évidence, pas vraiment emballé le camp Macron.

Principal lieutenant du leader de En Marche!, Richard Ferrand a très rapidement réagi sur Twitter à cette annonce, en lançant quelques piques à l'homme d'affaires. Il faut dire, aussi, que ce soutien est embarrassant à plus d'un titre pour le camp Macron. Homme d'affaires, conseiller des puissants tout au long des années 1990, proche de Nicolas Sarkozy, de la droite et du patronat, Alain Minc colle peu avec l'image "anti-système" sur laquelle Emmanuel Macron cherche à faire campagne. C'est une figure qui peut être un repoussoir, notamment pour une partie des électeurs de gauche. Et susceptible de donner des munitions supplémentaires à ceux qui dénoncent le libéralisme d'Emmanuel Macron, sa proximité avec le monde des affaires et voient en lui le candidat des élites, à l'image de David Cormand, secrétaire national d'EELV, ou Florian Philippot, numéro 2 du FN.

www.ingramcontent.com/pod-product-compliance
Lightning Source LLC
Chambersburg PA
CBHW072102280526
45788CB00006B/2371